Eudard Sievers

Miszellen zur angelsächsichen Grammatik

Eudard Sievers

Miszellen zur angelsächsichen Grammatik

ISBN/EAN: 9783743650886

Hergestellt in Europa, USA, Kanada, Australien, Japan

Cover: Foto ©Thomas Meinert / pixelio.de

Weitere Bücher finden Sie auf **www.hansebooks.com**

MISCELLEN

ZUR

ANGELSÄCHSISCHEN GRAMMATIK

VON

EDUARD SIEVERS.

SONDERABDRUCK AUS DEN BEITRÄGEN ZUR GESCHICHTE DER DEUTSCHEN SPRACHE UND LITERATUR BD. IX.

HALLE a. S.
DRUCK VON E. KARRAS.
1883.

MISCELLEN ZUR ANGELSÄCHSISCHEN GRAMMATIK.

Die erneute durchmusterung einiger ags. texte hat mir gelegenheit geboten, einige nachträge und berichtigungen zu meiner ags. grammatik zusammenzustellen. Ich erlaube mir dieselben nebst einigen ausführungen theoretischer natur, die ich der grammatik selbst nicht einverleiben konnte, den fachgenossen mit der bitte um beisteuer weiterer ergänzungen vorzulegen, damit bei einer zweiten ausgabe das büchlein eine etwas definitivere gestalt gewinnen könne. Die nachträge von Kluge, K. Z. XXVI, 68 ff., Beitr. VIII, 506 ff., Anglia, anz. V, 81 ff. und von J. Platt, Engl. stud. VI, 149 f. und Anglia VI, 171 ff. setze ich dabei im allgemeinen als bekannt voraus. Die poesie ist mit absicht nur ausnahmsweise herangezogen worden.

Vocale.

§ 6 füge in der aufzählung der ags. vocale nach 'selten *ei*' hinzu '*ai* (north., s. § 155, 3) und in den ältesten quellen *eu, iu* (vgl. zu § 64. 159, 3).' Das *ei* erscheint auch später in nord. lehnwörtern wie *sceið* (L. Aethelr. 217), *Swein*, wofür aber gewöhnlicher *sceʒð* (*scæʒð* Mone QF. 316, 132), *Sweʒ(e)n*, *Swæʒen* geschrieben wird; belege bei Lye und in Earle's index zur Chronik; *Sweʒen* auch C(odex) D(iplomaticus) 3, 315 u. ö.

Altn. *au* (*ou*) wird, beiläufig bemerkt, durch *ô* widergegeben; vgl. das häufige *ôra* öre zu altn. pl. *aurar*; *landcôp*[1]） ＝ altn. *landkaup* L. Aethelr. 3, 3 (daneben öfter echt ags. *landceáp*); *Atsur rôda* C. D. 4, 87 ＝ *Ozurr rauðe*.

---

[1]） Oder liegt hier alte verkürzung von *au* zu *o* vor, wie vielleicht in north. *brŷd(h)lop*? Doch auch dies ist der entlehnung aus dem nordischen verdächtig.

§ 19, 2. Das *e* welches umlaut von *o* aus *a* vor nasal ist, muss andere aussprache gehabt haben als das gewöhnliche umlauts-*e*, denn es erleidet keine diphthongierung nach *c* und *ʒ*: *cemes, cembun, cempa, cennan, Cent, -ʒenʒa* etc. Es steht also dem *ê* gleich welches aus *ô* umgelautet ist. Diese abweichende aussprache wird in gewissen späteren texten mehr oder weniger regelmässig durch die schreibung *æ* angedeutet (vgl. § 89, anm.). Eine sonderbare ausnahme bildet *sciendan* (*scindan, scyndan*) aus **sceondjan* für **scondjan*, so streng-ws. stets mit *ie, i, y*.

§ 24, anm. lies 'so auch *iʒʒe* für *iʒe*; d. h. *ʒʒ* tritt so gut wie ausschliesslich nur vor *e* auf (Cosijn, Beitr. VIII, 571); nur ganz vereinzelt finden sich formen wie *iʒʒode* C. D. 3, 61, *iʒʒað* C. D. 4, 96.

§ 31. Frühzeitig, d. b. vor der zeit wo *i* und *y* allgemein wechseln, setzt sich *y* in *mycel* fest durch anlehnung an *lytel*. Für festes *y* erscheint *i* am frühesten nicht nur vor *ht*, sondern überhaupt vor palatalen, *hiʒe, bicʒean, driʒe* etc., und ebenso fehlt vor palatalen meist die stufe *y* für altes *ie*; man findet also fast nur schreibungen wie *hiʒ, liʒ, smic. āfliʒan, biʒan, tiʒan* für altes *hiéʒ, liéʒ, smiéc, āfliéʒan, biéʒan, tiéʒan* (zu *teáʒ* tau); doch ist *cŷʒan* und *ŷcan* neben *ciʒan, ican* nicht selten.

Nach palatalem *ʒ* herscht *i* für *ie* von ältester zeit in *ʒinʒra* (z. b. C. P. 181, 14. 267, 8. 291, 14. 357, 14. Vesp. Ps. 118, 9. 148, 12); ein *ʒienʒra* scheint überhaupt nicht vorzukommen; ebenso ist *ʒiend-* C. P. 137, 10. 337, 17 in H sehr seltene nebenform von *ʒind-* C. P. 9, 10. 59, 23. 181, 14. 259, 10. 373, 5 (um von dem gewöhnlichen *ʒeond* abzusehen).

Eigentümlich ist das späte *emb, embe* für *ymb, ymbe*, das keineswegs auf den kent. dialekt beschränkt ist. Ich möchte vermuten, dass einmal ein wechsel zwischen betontem adverb *ymbe* und proklitischem *emb* bestanden habe, der schliesslich zur herschaft des *e* führte.

§ 35. Man füge die anmerkung hinzu, dass in späten texten (offenbar in folge bereits in der aussprache eingetretener monophthongierung des *ea*) *ea* und *æ* anfangen verwechselt zu werden. Zahlreiche beispiele der art stehen in den Aldhelmglossen (Haupts zs. IX) und dem von Cockayne

Ld. 1, lviii veröffentlichten stücke; andere sind *calc* Gen. 4, 14, *eanfæstum* Beda ed. Wheloc s. 226, *leas* Gen. 3, 22, *eahta* Saints 2, 282 für *ǽlc*, *ǽn-*, *lǽs*, *ǽhta*; umgekehrt *zlǽw* Gen. 47, 6. Ld. 1, 114. 3, 184 (die vermischung scheint am frühesten vor *w* eingetreten zu sein, vgl. auch unten zu § 250, anm. 2). Für *ea* steht spät auch vereinzelt *ie*: *liesre, wyeles* Ex. 20,16, *biencoddum* Lc. 15, 16 für *leásre, weales, beáncoddum*.

§ 39. In nebentoniger silbe werden *eo, io* zu *ea* in *sciptearo* Ld. 2, 122. 124. 128. 150, *ifzlearo* Ld. 2, 128. 150 (neben *teoro* Ld. 2, 112, *teorwe* 2, 132) und weiterhin zu *a* in *sciptaran* Ld. 2, 326, *ifzturan* Ld. 3, 22 und dem häufigen *andwlata* Ld. 1, 72. 200. 214. 216. 232. 246. 348. 356. 366. 368 für *andwliota.* Uebergang von *io* zu *u* (durch *y*?) wie in den me. comparativen auf *-luker* findet sich schon in *neodlucor* Beda 141 und *atelucost* R. Ben. 1 (nach Lye).

§ 41. Sonderbar wird im Boeth. bisweilen *eo* für *ie* aus *ea* geschrieben: *eoldran* 50, *eolldranfæder* 28, *eormða* 22, *zeol* 14, *zeoddode* 36, *sceoppend* 24. 44. 116. 132. 138; *oferheórð* 8, *zeheórð* 64, *zeheóran* 126, *heórsumiaþ* 8, *neótena* 44 etc. Man möchte vermuten, dass eine mechanische umsetzung des *ie* der vorlage in *eo* durch einen schreiber erfolgt sei, der die gewohnheit hatte, das ws. aus *eo* umgelautete *ié* durch *eó* zu ersetzen. Man vergleiche übrigens unten zu § 152.

§ 45, 4. Der zweite absatz, von dem vorkommen des *o²* in unbetonten silben, ist bedenklich. Ein *o* bestand sicher nur vor nasalen, d. h. unter denselben bedingungen wie in den tonsilben. Dies geht aus den §§ 108. 160 besprochenen umlauterscheinungen hervor. Dagegen halte ich die § 114 aufgeführten contractionsprodukte nicht mehr für beweisend. Dem ws. *frió* steht im Ps. *freá* gegenüber, das entschieden auf **frija* weist, und dass im ws. *eo* aus *i-a* möglich war, scheinen mir *beól* aus **bí-hál* und *deófol* aus *diabolus* darzutun. Die zweifelhafte gleichung *freód* = got. *frijaþwa*, und *eóde* = north. *eóde* (ten Brink, zs. f. d. altert. XXIII, 65 f.) lasse ich dabei bei seite, auch fälle wie *feól* = ahd. *fihala* (zunächst aus **fihul*) und *freóls* aus *fri-hals*; denn auch in dem letzteren mag eine zwischenstufe **fri-hols* mit secundärem *o* in nebentoniger silbe bestanden haben, wie in dem interessanten *ni-*

14*

hold pronus in den Corpusglossen 1659 = *nihol* Ep. Erf. 779 [1])
(später contrahiert *niól* oder — und zwar jünger — mit einschiebung eines *w niwol, niowol*).

§ 51. Vgl. hierzu jetzt die ausführungen von Sweet in
den Proceedings of the Philol. Soc. vom 3. März 1882; an beispielen trage ich dazu nach *untwiefoldre* C. P. 359, 17, *zeand-
sworað* C. P. 391, 6, *andsworode* Boeth. 6. 90, Ld. 3, 426 (4 mal),
ondswore Boeth. 24. Dem unsächsischen *hláfard* (Sweet a. a. o.)
stellt sich *andward* Beda 491, 40. 516, 14 Sm. zur seite.

§ 55. Hierher gehören z. b. noch *murnan* trauern, *spurnan*
neben *spornan* anstossen, *spura* sporn, *murcian* murmeln, *cnucian*
stossen etc.

Zu § 56 bemerke den charakteristischen wechsel von *u,
o, e* in ws. kent. (kent. gl.) *ðurh*, merc. (Vesp. Ps.) *ðorh*, north.
ðerh, und die späte schreibung *on-* für das negierende *un-*,
wofür die wörterbücher sattsam belege geben.

§ 57, anm. 2. Sweet nimmt jetzt, nach brieflicher mitteilung, kurzes *e* in *Aelfréd* etc. an, wie ich glaube mit recht.
Dass nicht gut lautgesetzlicher übergang von *-ŕéd* in *-réd* angenommen werden kann (ten Brink, Anglia V, 3), zeigen die
genau entsprechenden frauennamen auf *-fléd*, für die ich eine
nebenform *-fléd* nicht belegt finde. Ich nehme hiernach für
hiéred, ausserws. *hiórod*, und *dæzred*, jetzt mit grösserer ent-
schiedenheit kürze des letzten vocales an; zur entwickelung
der form *hiórod* vgl. *eórod* aus *eoh-rád, Ettmüller, Lex. s. 63.
Eine ähnliche verstümmelung zweiter glieder von compositis
findet sich z. b. in den zahlreichen bildungen auf *-ern* aus *ærn*,
wie *hordern, berern* (gekürzt *beren, bern*, aber im plural stets
noch *bernu* wegen der ursprünglichen mehrsilbigkeit), *beódern*
(spät auch *beoddern* nach § 230), oder denen auf *-werd* aus
-weard, wie *andwerdan* C. P. 133, 18 und so sehr häufig später,
z. b. *andwerd-* Saints 6, 228, *onwerd-* ib. 5, 369, *forðwerd-* Scrm.
Lupi 38, 2, *inwerd-* Saints 8, 183, *tówerd-* Oros. 114, 13. Gen.
33, 1. Saints praef. 52. 4, 103. 6, 327, *ufewerd-* Ld. 1, 150. 276,
útewerd- C. D. 3, 240, *eústewerd-* Oros. 21, 1. 38, 22, *westwerd-*
ib. 24, 35, *norðewerd* ib. 38, 23 etc.

---

[1]) Durch die güte Sweet's bin ich in den stand gesetzt, diese
wichtigen denkmäler bereits nach den anshängebogen seiner Oldest
English Texts zu citieren.

§ 57, anm. 3. Zu dem von Kluge, Anglia, anz. V, 82 be-¹ᵧ͏͏ besprochenen lautgesetz ist zu bemerken, dass die C. P. neben *lácnian* 61, 4. 125, 11. 153, 4 doch auch ein *lécnizende* 61, 3 bietet, ebenso den pl. *mǽzas* 43, 16. 385, 21.

§ 58. Das beispiel *mése* ist zu streichen. Die gewöhnliche form ist *mŷse* (s. Lye unter *myse*). Das wort ist also wol aus lat. *mensa* entlehnt, allerdings, nach dem ausfall des nasals zu schliessen, früher als z. b. *pinsian* pensare. Für entlehnung spricht auch die schwache flexion gegenüber got. *mês*.

§ 62, anm. Beachte *sòriz* für *sáriz* C. P. 227, 8 in H.

§ 64. Selbst auf fremdwörter erstreckt sich die neigung, *eu* durch *eo* auszudrücken: *Deosdedit* Beda 247. 248, *Leonðerius* 272, *Eodóxe* 301 für *Deusdedit, Leutherius, Eudoxii*. Doch haben die ältesten denkmäler das *eu* noch mehrfach erhalten, s. unten zu § 159, 4 und vgl. ausserdem *þeuw* L. Wihtr. 12. 27, *þeuwne* ib. 23, *leudzeldum* L. Aethelbr. 64.

§ 65, 2. In späteren texten erscheint *moniz*, *muniz* regelmässig als *mœniz (meniz)*; vielleicht durch anlehnung an *menizo*, *mœnizo* (das *æ* dann nach § 89 anm., vgl. auch oben s. 198). Ebenso sind *þænne* und *hwœnne* sowie *þæne, hwœne* in der späteren zeit häufig.

§ 67. Hierher doch wol auch *tòh* zähe = ahd. *záhi* (alter *u*-stamm).

§ 68. Neben altem *sòm*- halb, gr. ἡμι- erscheint später *sám*- (zahlreiche belege gibt Lye); oder sollte hier der vocal kurz gewesen sein? Das merkwürdige *benǽman* berauben, hat schon Holtzmann s. 197 hervorgehoben; vgl. auch *nŷdnǽme* Beda 273. L. Ine 10.

§ 69 ist doch *zim* als älteste form zu belassen; *ziem* findet sich meines wissens nur im Hatton ms. der Cura pastoralis, welches oft *ie* auch für festes *i* schreibt; zudem erscheint *zim* auch northumbrisch (*zimmum* in der nachschrift des Durhambooks), wo man sonst **zem* erwarten müste. — Nachzutragen ist *dinor* denarius Aelfr. gr. 285, 2.

§ 71 f. *wo* für *wio* ist selten, *swotole* Beda 140. 199, *wolcreád* Hpt. gl. 523ᵇ. 524ᵇ, *zedwomere(s)* ib. 514ᵇ. 515ᵇ. *wo* für *weo* steht nicht nur in den angegebenen worten, sondern auch

sonst, z. b. öfter in *swoloð* (Lyc), *zeswosterna* Beda 83, und
vor gutturalen und labialen in *worc* (Deut. 27, 26. Mt. 23, 5.
Eccl. inst. praef. s. 467. 475 [der folioausgabe]. Beda 408,
zeworc Beda 145. 268. 453. C. D. 3, 5 etc.), *worpan* (Beda 143.
294. Mt. 12, 20. 13, 50. 15, 26. Mc. 7, 27) und *hworfan* (Ep. Al.
164. 443 ed. Baskervill). Dagegen begegnet *wurc* nur selten
und wie es scheint sehr spät (*zewurc* Hpt. gl. 431ᵃ, *oferwurces*
488ᵇ).

Was die schreibung *wyr* für *weor*, *wur* anlangt, so beruht
dieselbe wol darauf, dass die gruppen *wyr* und *wur* in der
aussprache zusammengefallen waren oder sich mindestens ge-
nähert hatten; denn jüngere hss. setzen ganz gewöhnlich *wur*
auch für *wyr*, z. b. *wurmas* Saints 1, 53. 4, 430, *wurmreád* Germ.
38, 28, *wurdwrîtere* Hpt. gl. 453ᵃ, *wurtrumum* Mt. 3, 10, *āwurtwa-*
lod Mt. 15, 13, *wurtzemanznysse* Hpt. gl. 488ᵃ etc. (weitere belege bei Lyc); auch bei unfestem *y*, *wurste* Hpt. gl. 518ᵇ. Deut.
28, 59; auch wird *weor* für *wur*, *wyr* geschrieben, wie in
zeorcorþa Or. s. 5, 7 (Bosworth) = *iugurtha*, *weormum* Ld. 3, 4
für *wyrmum*.

§ 73, 1. Neben *eówod* ist die ältere form *cówde* (north. *éde*,
édo; Rushw. *eóde* Lc. 12, 32) anzuführen, auch vgl. *cóunistras*
Corp. 1274, und *ewe* L. Inc 55. C. D. 5, 147 sowie *þæt eáste?*
C. D. 6, 24. Ueber *stre(ó)wian* und *eów(i)an* neben *iéwan* und
eáwan s. unten zu § 403.

Der inhalt der zweiten anmerkung ist falsch, denn in
siwian, *spiwian* liegt zweifelsohne langes *i* vor, und beide verba
gehören ursprünglich nicht der ò-klasse, sondern der ja-klasse
zu, wie schon die vergleichung von got. *siujan* und altn. *spýja*
wahrscheinlich macht. Beweisende präsensformen für *spiwian*
nach der ò-klasse finde ich überhaupt nicht; *speówdon* Crist
1122, *spiówdon* Guthl. 884 könnten zwar zu einem ò-verbum
gehören (§ 412, anm. 2, wenn nicht die betreffenden verba alte
ai-verba sind), aber ebensogut zu einem ja-verbum, und *spiówedan*
Jul. 476 lässt ebenfalls beide deutungen zu. Für *siwian* aber
haben die ältesten denkmäler noch *ja*-flexion deutlich erhalten:
bisiuuidi uuerci opere plumario Ep. 699 (*bisiudi* Corp. 1450),
mið nædlae asiuuid pictus acu Ep. 796 (*asiowid* Corp. 1591),
zisiuuid sarcinatum Ep. 886 (*zesiouuid* Corp. 1763), selbst später
noch vereinzelt so: *zeseówe* 3. conj. sing. (oder imperativ?)

Ld. 2, 358. Beide verba gehören also mit wörtern wie *niwe*, *hiw* zusammen, st. *niuja*, *hiuja*. Es ist zunächst zu constatieren, dass in formen wie *niwne*, *niwre*, *niwra*, *hiw* vom rein ags. standpunkt aus länge des vocals angenommen werden muss, weil *w* am silbenschluss überhaupt nur nach langem vocal sich hält (das was unten zu § 249. 300 bemerkt ist, widerspricht dem nicht). Die entwickelung ist also wol die gewesen, dass aus vorauszusetzendem *niwja, *hiwja zunächst *niuwja, *hiuwja und daraus mit regelrechtem *i*-umlaut im ws. *niewe, hiew* wurde. Die letztere form ist noch mehrmals belegt: *hiewe* Cura past. 54, 10. 268, 4, *hiew* 132, 11. 14, *hiewcüðlice* 361, 1 in beiden hss., ferner *hiew*(e) 84, 5. 134, 1, *hiewcüð* 62, 5 in C, welches die schreibung *ie* für festes *i* nicht kennt wie H. Die formen mit *io, eo* wie *niowe, hiow, siowian, spiowrian* gehören mundarten an, die das *io* nicht umlauten (also abgesehen vom kentischen und anglischen wol der östlichen hälfte des sächsischen sprachgebietes).

Zu beachten ist übrigens, dass auch neben diesem *i* aus *ie* die stufe *y* fehlt (vgl. oben 198 zu § 31) und dass die entwickelung der alten lautgruppe *wj* starke schwankungen aufweist. Während altes *awj* in *hieʒ, ieʒ*, später *hiʒ, iʒ*, regelmässig das *j* allein als *ʒ* übrig behalten hat, steht in *hiew*, *siwian, spiowrian* und meist *niwe* das *w* durch; nur in der composition erscheint *niʒ-* neben *niw-*, und neben *spiowrian* steht *spiʒettan*. Für *ʒleó, ʒliwes (ʒliówes)* der poetischen texte bietet die ältere ws. prosa meist *ʒliʒ, ʒliʒes*, so namentlich auch in der composition, wo in der dichtung *ʒleó-* herscht. Zu dem gen. *Tiwes* in *Tiwes dæʒ, Tiwes niht* (Ld. 3, 146) kann ich einen nom. *Tiw* nicht belegen, sondern nur *Tiiʒ* Ep. 663 = Corp. 1293. Dem später allein üblichen *briw, briwes* steht der alte nom. *briiʒ* Ep. 767 = Corp. 1681 zur seite. Für unser *schleie* finde ich als älteste form *slī* Ep. Erf. 1015 = Corp. 2021, später *stiw* Aelfr. gl. s. 77ᵇ Somner (nach dem ich leider allein citieren kann), dazu noch ein zweites beispiel und das ebenfalls hergehörige *sleowe* Cot. bei Lye; *ʒiw, ʒiúw (ʒiʒ* Corp. 986) greif kenne ich nur im nominativ. Die verschiedenen formen von *iw* eibe sind bekannt, doch ist dies wort schwerlich als *ja*-stamm zu betrachten, fällt also nicht in unseren kreis. Lediglich um wechsel von *w* und *j* im inlaut (bei altem *iwj*) handelt es sich in *hiwun, hizun* (zahlreiche beispiele bei Bosworth-Toller; ausserdem vgl. z. b. noch *hizon* O. E. T. 444, 34. 41. 449, 10. 14. 15. 450, 19, *hizan* 448, 24. 42, *hizum* 444, 26. 447, 21. 448, 27. 449, 59 etc., *hizna* 444, 14. 23. 43. 449, 67. C. D. 3, 393, *hina* L. Wihtr. 8. Beda 186, C. D. 2, 213. 396). In *grǽz* (Paul, Beitr. VIII, 221) für *grǽwj-* aus *grǽwu* steht wider fast ausschliesslich *z*; ein vereinzeltes *tô grǽwan stâne* finde ich C. D. 2, 260 (s. 847, Sweet, O. E. T. 434, 11). Für *brawe* ist dagegen die streng ws. form, wie es scheint, allein *brǽw, brǽwes* (so namentlich stets in der Cura past., z. b. 69, 2. 193, 19. 24. 195, 2). Die formen mit *caw, breáw* Wright 42, 71 (aus dem Rubens'schen glossar), *breáwum* Ps. Lamb. 131, 4 sind jung genug um den verdacht zu erregen, dass *ea* für *ǽ* stehen solle, vgl. oben 198 f. Die mercische form ist dagegen *brég*, Vesp. Ps. 10, 5. 131, 4. Dass sie auch ws. gewesen sei, kann aus ihrem zweimaligen vorkommen im Beda (*brégh* s. 365, *bréghe* s. 366) nicht gefolgert werden, da die von Whelоc zu grunde gelegte hs. (Smith's ausgabe ist mir leider nicht zur hand) starke spuren mercischen einflusses zeigt, die weiter unten zu § 394 zusammengestellt sind. Den gen. pl. *breaza* Räts. 41, 10 halte ich hiernach für eine der lebendigen sprache nicht angehörige sächsische umformung eines north. *brêza*.

Eine befriedigende erklärung dieser erscheinungen vermag ich nicht zu geben. Die von Paul, Beitr. VIII, 221 versuchte scheint mir nicht ausreichend, da gerade da ein *j* erscheint, wo wir nach seiner auffassung *w* erwarten sollten: im nom. *Tiiz* neben *Tiwes* (freilich gehören die formen verschiedenen dialekten an), in *nîz-* für zu erwartendes *niwi-*, in *spizellan* zu ahd. *spiwizôn*. Es liegt nahe an einem alten accentwechsel zu denken, so dass etwa *iwj* als *iw, iwj'* als *iz* erschiene. Aber natürlich fehlt der nachweis dass es so sein müsse.

§ 74, anm. 2 bringt eine vereinzelte anmerkung über *zeár — zér*, die vielmehr einer ganzen gruppe von wörtern gilt. Durch eine eigene art vorwärtswirkenden palatalumlauts wird nämlich in gewissen spätws. texten, und zwar noch vor der zeit wo *eá* in me. weise zu *ǽ* (*ê*) zusammengezogen wird, das *ea* (aber nicht *eo*) unbeschadet seiner quantität oder seines ursprungs nach *c, z* zu *e*; so lesen wir z. b. *äcerf* Luc. 22, 50. Joh. 18, 10, *celf* Ex. 24, 19. 32, 4. S. 19. 24. 35, *zecelfe cŷ* Gen. 33, 13 (*i*-umlaut kann hier nicht im spiele sein, da die form dann *cylf* lauten müsste, wie sie auch in dem ortsnamen *Cylfhonȝra* C. D. 5, 136 erscheint); bei länge *cêpmonnum* Gen. 42, 5, *ȝêt* goss Gen. 28, 18. Ex. 24, 6. Luc. 10, 34, *ȝecěs* Luc. 10, 42, *scêt* Joh. 21, 7. Die hier unabweisbare erklärung muss natürlich auch auf die fälle ausgedehnt werden, wo das *eu* durch diphthongierung nach palatalen entstanden ist, und auch dafür setze ich einige belege her: für die kürze *cef* Ex. 5, 7. 12. 16. 18, *forȝef* Lc. 23, 25, *on-, under-, beȝet* Gen. 27, 27. 30, 9. 31, 8, *ȝet* ntr. Luc. 13, 24, dat. *ȝete* Joh. 10, 1; für die länge *scêp* Gen. 20, 14. 37, 12. 38, 12. 13. 46, 34. 47, 1. 3. Mt. 25, 32. Luc. 15, 6, *underȝêton* Lev. 1, 3. 5 (2). Luc. 15, 27. 30. Joh. 12, 16, endlich das bekannte *ȝêr* selbst und das sehr häufige *onȝên* für *onȝeín* (aus *onȝeaȝn für *onȝæȝn mit ausfall des *ȝ* nach § 214, 3). Die anfänge dieser erscheinung gehen bis in die Cura past. zurück: *tôȝênes* 89, 18. 257, 9, *onȝên* 227, 7, *ȝescêd-wise* 281, 11. Alle diese beispiele stehen jedoch nur in H; C hat überall das alte *eá* noch bewahrt.

Ich knüpfe hieran einige allgemeinere bemerkungen über die von Kluge, Anglia, anz. V, 83 an mich gerichtete frage über die *ea, eo* etc. nach palatalen. Dabei habe ich zunächst zu erklären, dass ich in der tat, wie ich durch die von Kluge angezogene überschrift 'diphthongierung durch palatale' andeutete, in *ceaf, ȝear, ȝeoc, ȝeomor* etc. mit Paul wirkliche diphthonge annehme. Aber ich will damit nicht behauptet haben, dass sie nun ohne weiteres mit den sonstwie entstandenen *ea, eo* etc. identisch gewesen seien, denn zwischen diphthong und diphthong kann bei gleichem anfangs- und endlaut doch ein gewaltiger abstand bestehen, je nach dem stärke- und quantitätsverhältnis der beiden teile. Ich halte es beispielsweise für möglich, dass das zweite element in den diphthongen nach palatalen etwas länger, weniger blosser gleitlaut gewesen sei, als in den übrigen, die von jeher das erste glied stärker betonten. Man vergleiche etwa, um sich das anschaulich zu machen, die quantitätsverhältnisse in den schwäbischen *ei, ou, öü* aus mhd. *î, û, iu* mit denen der bühnendeutschen *ai, au, eu*. Die *ea* tonloser silben wie *swenȝeas, sǐceau*, die Kluge als gegengrund anzieht, kann ich so lange nicht für beweisend halten, als nicht dasselbe schwanken zwischen *eu* und *a* etc.

für den anlaut der stammsilben nachgewiesen wird, welches
die hss. im inlaut tatsächlich bieten.

Die gründe welche mich insbesondere bestimmen mit Paul
wirkliche diphthongierung nach palatalen anzunehmen, sind
folgende:

1. Die eben besprochene gleichmässigkeit in der behandlung aller *ea, eá* nach *c, ʒ, sc.* Wollte man annehmen dass
z. b. *cef* für *ceaf* nicht aus dieser form, sondern durch einwirkung des palatalen *c* auf das *æ* einer grundform **c'æf*
entstanden sei, so müste doch auch ein *cés* für *ceás* auf **c'æs*
zurückgeführt werden; für die annahme eines solchen über-
gangs fehlen aber meines wissens alle beweise.

2. Die gleichmässige behandlung aller *'ie,* d. h. ihr gleich-
mässiger übergang in *i, y* im westsächsischen. Es erscheint ·
unnatürlich, dem *ʒ* von *ʒyfan, ʒyst, cyfes, scyppan* einen andern
ursprung zuzuschreiben als dem von *hlyhhan, yldra, yrminʒ* etc.
Besonders beweiskräftig scheinen mir die wörter *cŷse* und
ʒescŷ zu sein. Das ws. macht — abgesehen von den § 57, 1
berührten fällen, die hier nicht in betracht kommen — bekanntlich keinen unterschied zwischen *ǽ* = westgerm. *ê* und
ǽ als dessen *i*-umlaut. Wenn also z. b. *sceáp* nur graphischer
ausdruck für **sc'æp* oder *ʒeáfe* (3. conj. praet.) für **ʒ'æfe* ist,
warum wird aus *cáseus* nicht **ceáse* (d. h. dann **c'æse* aus
*kǽsjus), sondern *ciése*, weiter *cŷse?* Das *ié, ŷ* ist doch hier
allein als regelrechter *i*-umlaut eines diphthongischen *eá* erklärlich.[1]) Und ebenso kann ich die spätws. form *ʒescŷ* (z. b.
Ex.³ 1, 5. 12, 11. Mt. 3, 11. 10, 16. Luc. 10, 4. 15, 22. 22, 35. Ld.
3, 200) aus **ʒiskòhi* nicht anders erklären als aus *ʒescié* mit
regelrechten diphthongen aus älterem **ʒi-sc'é* (merc. *ʒescoe*
Ps. 107, 10, north. *ʒiscoe* Rushw. Luc. 10, 4, gen. *ʒiscoes* Rushw.
Joh. 1, 27). — Ich bemerke beiläufig, dass· durch die form
ciése, cŷse die § 75, anm. 1 aufgeworfene frage entschieden

---

[1]) Das einzige mir bekannte weitere beispiel dieser art, wo westg.
ê zwischen palatal und umlautwirkendem vocal stand (die conj. praet.
ʒeáfe, ʒeáte kommen nicht in betracht), ist allerdings abweichend behandelt: *eádbeʒeáte* Ld. 2, 226 (*orʒeáte* poesie), *torheʒéte* Ld. 2, 114 (nach
s. 204 f. zu beurteilen; *and-, or-, eódbeʒéte* in der poesie beweisen nichts für
das sächsische); aber hier mag anlehnung an die verbalformen wie *ʒeáte*
eingetreten sein. Die beweiskraft von *cŷse* wird dadurch nicht erschüttert.

wird. Wenn *cȳse* nur aus älterem **ccási*, nicht aus **cási* erklärt werden kann, so darf man auch *ziest* wol nur auf **zcasti*, nicht auf **zesti* zurückführen.

3. Die behandlung der gruppe *ju* bei *i*-umlaut. In betracht kommen formen von *jung* und *jucken*. Den comparativ und superlativ *zingra* und *zingesta* könnte man vielleicht direkt aus *jyngra* und *jyngesta* erklären, aber näher scheint mir doch die annahme zu liegen, dass zunächst *ziengra*, *ziengesta* vorausgiengen, für welche ich freilich keine belege habe. Die frage wird allerdings dadurch erschwert, dass auch das mercische und northumbrische *i*-formen haben, obwol diese dialekte sonst dem *i*-umlaut des *io* abhold sind: *zing(ra)* Ps. 118, 9, *zingrū* 148, 12 neben häufigerem *iungra*, *zungra*, Zeuner 139; north. *zingra*, *zingestà* (aber auch im positiv *zing* und dazu *zigoð*, Bouterwek, north. cv. 393ª). Doch sind auch diese formen vielleicht durch das zusammentreffen von palatalumlaut und *i*-umlaut zu erklären, s. § 164 f.[1]) Aber bei dem zweiten worte finden sich ohne weiteres entscheidende formen. Neben der später geläufigen form *ziccan*, *zicða* etc., für die hinlängliche belege bei Bosworth-Toller gegeben sind (der älteste ist wol *zicða* Cura past. 70, 19 C), stehen *ziecða* Cura past. 71, 18 H und ohne umlaut *ziocða* Cura past. 71, 11 in beiden hss. Wenn es nun auch denkbar ist, dass *zeong* bloss graphischer ausdruck für *jung* sein soll, so halte ich doch ein solches *ziocðu*, *ziecða* für absolut unvereinbar mit der annahme dass **jycðu* zu sprechen sei; die allein mögliche entwickelung scheint mir **juciðô* — **jiuciðô* — *ziocðu*, *ziecða*, *zicðu*.

4. Es erscheint mir unnatürlich anzunehmen, dass nur die sächsischen schreiber das bedürfniss empfunden hätten, die palatalen *c*, *z* von den gutturalen durch besondere graphische hülfszeichen zu unterscheiden. Sollten die Kenter, Mercier und

---

[1]) Wenn dies richtig ist, so wäre *zeuz* mit palatalumlaut aus *zeonz* als regelrechte merc.-northumbrische form des positivs anzusetzen. Die form findet sich aber nur in der poesie bisweilen (El. 464. Dan. 102, ebenso wie auch *zinz* auf die poesie, Dan. 211. 422. El. 159. 353. 875. Ps. 104, 32, und das northumbrische beschränkt ist), im Vesp. Ps. steht nur *zunz* 77, 63. 118, 12. 194, 27, vgl. Zenner s. 75. Es scheint hier in der behandlung der gruppe *ju* ein ähnlicher dialektunterschied vorzuliegen wie in der behandlung der gruppen *ze* und *zæ*.

Northumbrier nicht auch ihr (*ʒefan*), *ʒeldan*, *ʒest*, *cele*, *cefes*, *sceran*, *scendan*, *sceppan* von -*ʒenʒa*, *cennan* etc. graphisch getrennt haben (wie die Sachsen es nach ten Brink und Kluge durch die schreibung *ʒiefan*, *ʒieldan*, *ʒiest*, *ciele*, *ciefes*, *sciendan*, *scieran*, *scieppan* tun), wenn es wirklich nur auf die bezeichnung der verschiedenen aussprache des *c*, *ʒ* ankam?[1])

5. Nicht ganz selten fehlt in jüngeren texten ein *ʒ* vor *ea*, *eo*, wie in *eallan* Mt. 27, 34. Ld. 1, 262. Nic. 26 (Grein), *earwe* Mt. 22, 8 (*ʒearwe* AB; an *earu* ist nicht zu denken), *eador* Gen. 2557. Andr. 1629, *eáron* C. D. 3, 314, *eáʒlas* Seelen 118 Verc.; *eornlice* Ld. 1, 190, *eóce* Wald. 1, 25, *eoʒoðe* Andr. 1124 für *ʒeallan*, *ʒearwe*, *ʒeador*, *ʒeáron*, *ʒeáʒlas*, *ʒeornlice*, *ʒeóce*, *ʒeoʒoðe* (ganz geläufig ist in späterer zeit die schreibung *middancard*, *wineard* für -*ʒeard*). Die meines erachtens allein mögliche erklärung dieser erscheinung bietet der umgekehrte fall, dass *ʒea*, *ʒeo* für anlautendes *ea*, *eo* gesetzt wird (ich kann ihn freilich bis jetzt nur durch vier beispiele belegon: *unʒeápe* Boeth. 158, *hû ʒearfoþe* ib. 216, *fulʒeóde* Seelen 24 Verc., *āʒińde* C. D. 4, 56); man muss nämlich annehmen, dass anlautendes *ea*, *eo* dialektisch die aussprache *jea*, *jeo* angenommen habe. Wenn das richtig ist — und was sollten z. b. *callan*, *eornlice* anders darstellen als *jeallan*, *jeornlice*? — so müssen doch auch *eador*, *eáron*, *eáʒlas*, *eoʒoðe* für *jeador*, *jeáron*, *jeáʒlas*, *jeoʒoðe* stehen, nicht für *jædor*, *jårun*, *jǽʒlas*, *joʒoðe*.

6. In éinem falle wenigstens wird ags. *eá* aus palatal + *á* im späteren englischen genau wie *ea* aus *au* behandelt; *sceádan* ergibt bei Orrm *shǽdenn* (genau so wie z. b. *sceáwian* zu *shǽwenn* wird), neuengl. *shed* (das praet. *shadde* ist die für Orrm regelrechte verkürzung aus *shǽdde* wie *radde* zu *rǽdenn* raten etc. oder *chappmenn* für *chǽpmenn* aus *ceápmen* oder neuengl. *lather* zu ags. *leáðor*). Die formen *ʒaff*, pl. *ʒǽfenn* = ags. *ʒeaf*, *ʒeáfon* sind zweifelhaft, da *ʒǽfenn* auch auf *ʒêfun* zurückgeführt werden kann.

Wenn dagegen Kluge das formenpaar engl. *year* — *yore* = ags. *ʒeár* — *ʒeára*, d. h. nach seiner meinung phonetisch

¹) Für *ea* — *æ* lässt sich das gleiche argument nicht wol anführen, da das kent. und der Vesp. Ps. überall *e* für *æ* haben und auf die north. schreibung, die bald *ea*, bald *æ* setzt, bei dem im north. allgemeinen schwanken zwischen *ea* und *æ* nichts zu geben ist.

jêr — *jâra*, anführt, so kann ich darin nur ein beispiel für
eine erscheinung sehen, deren genauere untersuchung wahrscheinlich mehr licht in diese schwierige frage bringen würde:
eine untersuchung welche selbst anzustellen mir leider das
absolute fehlen jedweder mittelenglischen literatur auf unserer
universitätsbibliothek verbietet. Ich meine die frage nach der
in § 34, anm. angedeuteten accentverschiebung in den diphthongen *ea* und *eo*, die in einigen fällen, wie ich glaube, notwendig angenommen werden muss, und über die sich jeden-
falls bestimmtere regeln aufstellen lassen müsten, wenn man
die einzelnen denkmäler nach dialektischen und zeitlichen ge-
sichtspunkten genau untersuchte. Nur um anzudeuten erwähne
ich me. *ʒou*, *ʒour* = ags. *eóv*, *eóver*; me. *forer*, *four* aus
*fjover, *fjour = ags. *feóver*; me. *ʒole* = ags. *ʒeóla*; me.
ʒond = ags. *ʒeond* und von doppelformen *ʒôde* neben *ʒéde* =
spätags. *ʒeóde*[1]), me. *sôven* neben *sêwen* = ags. *seóvian*, me.
ʒôre neben *ʒére* = ags. *eóv* eibe; me. *ʒôman* neben *ʒêman* =
ags. *ʒeóman (oder *ʒeóvman, wenn die ableitung von **ʒeóv-*
= ahd. *gaví* richtig ist, gegen die sich wenigstens lautlich
nichts einwenden lässt); me. *ʒolke* neben *ʒelke* = ags. *ʒeoleca*;
me. *ʒoxen* neben *ʒexen* zu ags. *ʒeohsa*. Für dieselbe behandlung des *ea* wüsste ich zwar nur das erwähnte paar *yeur* —
yore anzuführen; denn ein me. *shâven neben *shêven*, Orrm
shêwenn = ags. *sceávian*, muss nach neuengl. *show* zwar wol
irgendwo dialektisch existiert haben, ist aber, soviel mir bekannt ist, nicht bezeugt (ebenso weist engl. *strow* neben *strew*
auf altes *strâven neben *strêven* aus ags. *streávian*, *streóvian*).
Der grund für diese verschiedenheit liegt offenbar darin, dass
das alte *ea*, phonetisch *œa*, meist bereits vor jenem umspringen
des accentes zu *œ*, *è* geworden war, während *eo* sich länger
als diphthong hielt.

---

[1]) Me. *ʒeóde*, *ʒéde*, *ʒôde* wird jetzt wol allgemein auf ags. *ʒe-eóde*
zurückgeführt (ten Brink, zs. f. d. altert. XXIII, 65); aber nach dem
oben unter 5 entwickelten kann es ebensogut einfaches *côde* repräsen-
tieren; vgl. namentlich die schon angeführten *aʒióde*, *fulʒeóde*, für
die Grein's deutung aus *fulʒeeóde doch nur mit annahme eines erheb-
lichen umweges haltbar wäre, und die me. form *ʒêwe* = ags. *eów*, welche
doch sicher ein älteres **ʒeóv(e)* voraussetzt. Auch für die doppelformen *yean* und *ean*, *yearn* und *earn* ist dieselbe erklärung anwendbar.

§ 75, 1. ȝeaȝlas gehört vielmehr zu no. 2, es ist ȝeáȝlas zu schreiben. Nach einer mitteilung von herrn stud. ph. Holt-hausen lautet das wort in der Soester mundart, welche langes *á* nur für altes *á* = germ. *é*, nicht aber für tonlanges *a* bietet, ȝáȝel, und ebenso weist das neuniederländische gagel mit seinem 'scharpheldere' *a* auf altes *é* zurück. — Ausserdem ist auf den nachtrag zu § 19, 2 oben s. 198 zu verweisen.

Zu den ausnahmen in anm. 2 kann man noch fremdwörter wie cǽfester capistrum, cǽppe kappe u. dgl. anführen. Dass zu no. 2 als umlautsform cíese, cŷse gehört, ist bereits erwähnt. Dagegen gehört nicht hierher cipe, cŷpe zwiebel, aus cêpa; die form cipe Erf. 286 = Corp. 448. 1791 beweist, dass das wort mit *i* aufgenommen ist.

§ 76. Die regel ist doch bestimmter so aufzustellen, dass sc folgendes e, æ, *ǽ* = germ. *é* im ws. ebenso regelmässig diphthongiert als ȝ oder c. Nur vor den andern vocalen herscht das grössere schwanken (vgl. unten zu § 390). Warum heisst es aber neben scieppan und sciendan (oben s. 198) fast stets ohne diphthongierung sceððan oder mit æ für den nicht der diphthongierung unterliegenden e-laut (oben s. 198) scæððan?; *y* finde ich nur in scyððan Andr. 1049, scyðeð ib. 1563.

Im inlaut nach ableitungssilben ist sce für sc vor guttu-ralen vocalen selten und wie es scheint jung: mennescea Beda 126, eȝiptiscean Ex. 3, 21. 22, nazaréniscea(n) Joh. 18, 5. 19, 19, ebréisceon, ȝrêciscem Joh. 19, 20, *ryliscean* Jud. Civ. Lund. 6, 3.

§ 79, anm. 2. Zu den wörtern ohne brechung füge noch die drei umlautsfälle ærnon rennen, caus., bærnan brennen, caus., und hærfest. Das æ des letzteren wortes ist mir ebenso unerklärlich als das e von brerd neben north. briord; es sieht fast aus, als läge ein umlaut von *o* vor; hwerȝen Beow. 2590 (áhwærȝen Metra 30, 10) braucht man als altes compositum nicht hierher zu ziehen.

Wichtig sind aber vor allem die ebenfalls unter § 79, anm. 2 fallenden wörter ærn und hærn = got. razn, altn. rann, und altn. hronn. Wie mearȝ medulla, lehrt (ȝeard und ableitungen, zu got. gazds, muss des ȝ wegen aus dem spiele bleiben), tritt auch vor r aus z die brechung ein. Hiernach können ærn und hærn weder aus *rærn, *hrærn, noch aus *ærzn, *hærzn

entstanden sein, sondern sie gehen, wie das compos. *renþegn*
zeigt (ich habe leider meinen beleg für das wort verlegt), auf
assimiliertes *rænn. *hrænn zurück.

Das *æ* dieser formen
aber beweist, dass der übergang von *a* zu *ǫ* vor nasalen älter
ist, als der von *z* in *r*, da das *nn* doch wol nur direkt aus
zn entstanden sein kann.

§ 80. Brechung tritt nicht ein in späten lehnwörtern, vgl.
pæll pallium Aelfr. gr. 257, 3. — Die form *siellan*, *syllan* fehlt
ganz in der C. P., welche nur *sellan* gebraucht, wie sie auch
nur die ungebrochne form *self* kennt; *seolf* braucht der Vesp.
Ps. ausschliesslich.

§ 81. Tilge 'gen. *eolx*'; die brechung tritt auch ein vor
lc in *āseolcan* und *meolcan* stv. (s. zu § 387).

§ 82. Ohne brechung erscheint gewöhnlich *trahtian*.

§ 89, anm. Zu den wörtern mit *æ* füge *hæle*, *hæleð*, *fæle*
(*fēle?*) adj., *hærfest*, *zemæcca*, *sæcc* und die verba (*ze*)*dærftan*,
tæccean, *smæccean*.

§ 93, 1. Zu *ele* füge *cel(l)endre* coriandrum (schon Corp.
569), zu den germ. beispielen *efes*, ahd. *obasa*, got. *ubizwa*.

§ 100, beschluss lies 'später oft *steóran*' statt 'meist *steóran*'.
In der Cura past. lautet das wort noch stets *stiéran*, *stiran*;
steóran ist entweder [nicht strengws., oder anlehnung an *steór*.

§ 101. Eine spätere wirkung des palatalumlauts ist ver-
säumt worden anzugeben. Es werden *ea*, *eá* vor palatalen
gewöhnlich zu *e*, *ē*. Ich füge einige beispiele an:

a) Vor *h*, *x*: *ðweh* Ld. 1. 150, *zepehte* L. Aethelr. 6, 15, *ehteopan*
Luc. 1, 59, *hlehter* Gen. 21, 6, Eccl. Inst. s. 466, *lehtrade* Or. 116, 22,
zenehhe Eccl. Inst. 10 s. 473, *seh* Mt. 3, 7. 4, 18, *sleh* Gen. 20, 4. 42, 37.
Mt. 5, 21. Saints 10, 88; *exla* Mt. 23, 21. Luc. 15, 5, *fex* Aelfr. V. T. 8, 29.
Ld. 1, 110. 116. 152 (2). 322. Saints 7, 145. 147, *fexede* adj. Ld. 1, 250,
flex Or. 78, 7. 10. Ex. 9, 31. Mt. 12, 20. Saints 4, 293, *sexe* Ld. 1, 202, *wex*
Ld. 1, 298; für die länge *tēh* Gen. 38, 29. 39, 12, *nēh* Ex. 19, 21, vgl.
nēh(c)hebúras Luc. 1, 58. 65. 14, 12. 15, 2, *nēhhebyryna* Luc. 15, 9, *nēheburu*
Jud. Civ. Lund. 8, 7, *nēcheburan* ib. 8, 8 (2 mal), *þēh* Or. 58, 2. 12. 83.
59, 4 etc. sehr oft. *þeh, W. L?*

b) Vor *z*: *ēze* Ld. 1, 72 (2). Or. 82, 13, vgl. *ēhþirl* Gen. 6, 36. 8, 6,
ēhseulfe Ld. 3, 2, *ēhwærce* Ld. 1, 374, *forbēh* Luc. 10, 31, *hēze* altos
Ex. 15, 22.

c) Vor *c*: *cēc* Ld. 3, 392, *bēcn* Saints 5, 59, *zelēc* Or. 60, 2, *tō ēcan*
Oros. 67, 7. Jud. Civ. Lund. praef.

Hierher gehören auch das von mir § 392, anm. 3 falsch beurteilte verbum *wexan* (z. b. Gen. 1, 28. Luc. 12, 8. 27. Ld. 1, 116. 118. 134. 140. 156. Aelfr. gr. 165, 3. Boeth. 68. L. Eadw. 1) und die spätws. häufigen superlative *hêhsta* (z. b. Or. 79, 11. Boeth. 76. 124) und *nêhsta, nêxta* (z. b. Or. 27, 12. 48, 38. 49, 24. 115, 24. Serm. Lupi 31, 16 Napier. Saints 6, 76. Poen. Ecgb. 2, 27. 29), welche die älteren *hiêhsta, hŷhsta* etc. immer mehr verdrängen. Sie sind nicht auf lautlichem wege aus diesen entstanden, sondern stehen für *heáhsta* (belegt z. b. Or. 61, 11. C. D. 6, 201. Blickl. gl.) und *neáhsta* (Luc. 18, 5. Poen. Ecgb. 4, 6).

Dass wir in diesen *e, ê* wirklich palatalumlaute, nicht einfache contractionen haben, geht daraus hervor, dass sie bereits in denkmälern auftreten, denen die veränderung von *ea, eá* zu *e, ê* vor anderen consonanten noch ganz abgeht.

§ 107, 1. Zu ws. *miotuc* beachte Vesp. Ps. *milc* 8, 3. 118, 70. Hymn. 193, 1, auch north., Rit. 25, 7; ebenso kennen Ps. north. nur *widwe, widua* etc. gegen sächs. *wuduwe* aus *wioduwe*.

§ 109, a füge das schwache fem. *ceole* hinzu, unter b desgleichen **wiocu, wucu* § 71 (zur flexion s. unten zu § 278).

§ 110. Hier wäre auch der beseitigung des hiatus durch elision eines unbetonten vocals zu erwähnen gewesen, wie in *bæftan, bufan, bútan, nabban, nyllan, nytan*. Zu den letzteren bildungen mit *ne* gehört auch wol *nestig, nistig* nüchtern (sehr häufig in Ld.) zu **wist* speise. Durch verschmelzung mit *neaht, niht* (*nihtnestig* z. b. Ld. 2, 42. 64. 90, *neahtnestig* Ld. 2, 98) entsteht eine reihe von verstümmelten formen: *neahtestigne* Ld. 2, 184, *nihstig* Ld. 1, 82. 84 etc., *nicstig* Ld. 3, 22 (4mal), *nyxtnig* Ld. 3, 58.

§ 112. Hierher gehören auch wol *hreáw* rob, *streáw* stroh, zu ahd. *hráo, stráo*. Die nebenformen des letzteren wortes, *streáw* (*streá* schon Ep. 973) und *stráw-* in *stráwberize* weiss ich nicht genügend zu erklären.

Nach § 116 ist eine bemerkung über *y +* vocal einzuschieben. Auch hier finden contractionen statt. Dem gemeinags. *reó* decke swf. entspricht *ryae* tapeta Ep. 1020 (*hryhae* Erf., *rye* Corp. 1977), offenbar dasselbe wort wie *villosa ryhae* Ep. Erf. 1080 (*rye* Corp. 2126), *villa linnin ryhae* Ep. Erf. 1081 (*linin ryee* Corp. 2128), also ableitung von *rúh* (über neben-

formen s. unten zu § 278). Ebenso *ceó* krähe, Ep. *chyae* 240,
wo allerdings Erf. *ciae* liest.

In späterer zeit wird *ŷ* + vocal zu *ŷ* contrahiert in *þŷn*
drücken, und einigen ähnlichen verbis, worüber unten zu § 405, 6
ausführlicher gehandelt ist.

§ 124, anm. 3, z. 4 lies 'geschlossener' statt 'offener'.

§ 126. Es dürfte sich empfehlen an dieser stelle einige
angaben über verkürzungen ursprünglich selbständiger wörter
in nebentoniger stellung einzuschieben. Hier will ich nur einen
punkt hervorheben, nämlich die adj. auf *-lic*, weil diese noch
bis auf die neueste zeit (z. b. noch von Zupitza in seiner ausgabe von Aelfric's grammatik), wie ich glaube fälschlich, mit
-lic angesetzt werden. Das *i* war mindestens zur zeit Aelfreds
bereits verkürzt. Es geht dies daraus hervor, dass es vor
gutturalen vocalen (namentlich *a, o*) zu *e* werden kann; vgl.
z. b. aus der Cura past. formen wie *misleca* 95, 8; *hirdelecan*
23, 11. 27, 10, *woroldlecan* 25, 19, *scamleáslecan* 35, 24, *uplecan*
65, 9. 69, 24. 83, 8, *eorðlecan* 81, 15; *fullecor* 115, 6, *liðelecor*
183, 16, *sláulecor* 187, 3, *ryhtlecor* 401, 1; *fullecost* 401, 16,
fraceðlecestan 33, 21; *sinzallecum* 61, 21, *mislecum* 83, 25 etc.;
brechung *io* begegnet im comp. *zcornliocar* bereits in der urkunde des grafen Abba C. D. 1, 235 = O. E. T. 447, 12. Nur
die unflectierte form auf *-lic* hat vielleicht die ursprüngliche
quantität des vocals länger bewahrt; wenigstens finde ich ein
mennisclic C. P. 71, 13.

§ 141. Als seltene formen notiere ich *frǽzin* Beda 273. 300,
ðezin Beda 315. Nach gutturalem vocal begegnet auch *o*,
tácon Beda 365.

§ 152. *e* für strengw. *ie, y* erscheint mehr oder weniger
häufig in gewissen texten, die im allgemeinen sächsisches gepräge tragen. Selbst die Cura past. ist davon nicht frei, doch
scheinen die beispiele hauptsächlich nur gegen das ende von
H hin zu erscheinen, wo eine hand einsetzt, die auch sonst
mancherlei bemerkenswertes bietet. [1] Stark vertreten ist dies

---

[1] Es wäre eine sehr nützliche arbeit, wenn jemand sich der mühe
unterziehen wollte, eine genaue darstellung der charakteristischen unterschiede der einzelnen schreiber dieser wichtigen hs. zu geben. Autopsie
der hs. ist freilich dazu unentbehrlich, da Sweet die verschiedenen hände
nicht von einander abgrenzt.

e z. b. im Boethius und den Blickling Homilies. Ich halte es
nicht für echt ws., sondern möchte glauben dass es mehr den
östlichen mundarten des sächsischen zugehört (Essex?).

§ 159, 4. In bezug auf die behandlung des germ. *eu* scheint
das ags. einmal auf demselben standpunkte gestanden zu haben
wie das altsächsische. Vor altem *r* erscheint *eu* in *treulesnis*
Ep. 726, *zitreeudae* 436; auch wol in *screuua* mus araneus 649;
ausnahme *beouuas* 645 zu altn. *bygg* getreide; ob *cleouuae* 472
altes *eu* oder *e* hat, weiss ich nicht zu entscheiden. Dagegen
erscheint *eu* auch einmal vor anderem consonanten in *steup-
fadaer* 1070.

Im falle des *i* - umlauts erscheint *iu*: *zliu* 398, *zliuuae* 550,
bisiuuidi 699, *asiuuid* 796, *zisiuuid* 886 (wenn diese letzteren als
-siunid- zu lesen sind); ausnahme in Ep. die 3. sg. *anhriosith*
mit anlehnung an die unumgelauteten formen. Am deutlichsten
scheint der alte zustand in Beda's sterbelied erhalten zu sein,
wo wir *uuiurthit* 1 und *uueorthae* 5 neben einander lesen. Auch
fliusum im Leidener rätsel ist in ordnung, vgl. ws. *flŷs* und
Kluge, Anglia, anz. V, 85.

Sonst erscheint das regelrechte *eo, io*.

Consonanten.

§ 172, anm. füge *ealnez, ealniz* aus *ealne rez* (*ealnuurez*
Cura past. 179, 3) hinzu (Sweet s. 483). Jüngere formen sind
eallinz Men. 153. 173. C. D. 5, 230, *ealninz* C. D. 5, 143.

Zu § 173 ist auf den wechsel von *r* mit *z* zu verweisen,
über den oben s. 203 f. gehandelt ist. Nach *u* geht *w* öfter aus
altem *z* hervor in *drûwian* neben *drûzian* trocknen, und *suuian*
neben *swuzian* schweigen (vgl. zu § 416, anm. 5).

§ 174, 3. Beispiele für ausfall von *r* vor consonanten hat
bereits Sweet, Cura past. XXXIII angemerkt: *zecnǣð* 29, 1,
ætiéde 43, 19. 291, 6, *eórum* 218, 24; dazu kämen aus der C. P.
noch angeführt werden *wælhreô*lice* 313, 12, *hreô*sað* 259, 23,
*hreô*sunza* 257, 24. Aus späterer zeit füge ich dazu *nire* Ld.
1, 234, *blêþ* Ld. 1, 160. So auch im northumbrischen stets *éde*
grex = ws. *eówde* Mt. 8, 32. 26, 31. Luc. 2, 8. 8, 32. 12, 32 (*eóde*
Rushw.). Rit. 32, 20. 35, 16, und ebenso im pract. *beleede* Mc.
14, 10 (*bilêde* Rushw.) = ws. *belǽrde*. Nach *eá* bleibt das *w*,

u in der regel; doch steht *œdeúdon* Mt. 24, 1 (*eárden* Rushw.) neben häufigem *-eúrde, -eáude* etc. Nach *eó* herscht grösseres schwanken.

Ich finde (die casusverschiedenheit unberücksichtigt lassend) die schreibung *hreúnis* Mt. 3, 2. 8. 11. 11, 20. 21, 32. Luc. 5, 32. 11, 32. 13, 3. 5. 15, 7. 10. 16, 30. 17, 3. 24, 47, neben *hreúnnis* Mt. 4, 17. 11, 21. 27, 3. Mc. 1, 4, *hreúunis* Mt. 12, 41, *hreúnnis* Mt. 21, 29. Mc. 6, 12, *hreúunis* Lc. 3, 3, *hreúunis* Lc. 3, 8 im Durhambook, dazu *zehreúwsadon* Luc. 10, 13. Im Matthaeus des Rushworthcodex wird *hreunis* geschrieben 3, 2. 8. 11. 12, 41, *hreunnis* 11, 20. 21. 21, 32, *hrewnis* 4, 17, *hreúnnis* 21, 30. 27, 3; im Marcus finde ich noch ein *hreúnisse* 6, 12, sonst steht an allen übrigen stellen *hreúnnis*, dazu *hreúwsiah* Mc. 1, 15, *zihreúwsadun* Luc. 10, 13. Ueber die behandlung des *w* in *treú, eneú, ðeó* s. § 250, 2.

Fest geworden ist der ausfall des *w* in *hiéred*, angl. *hiórod, -ed*, und in *eálâ; eúwlâ* finde ich nur im Vesp. Ps. 117, 25 (neben *eálâ* 118, 5) und Metra 9, 15; die form *eáw* für das selbständige wort wird durch *eálâ eáw* Boeth. 110 verbürgt.

§ 179. Seltenere metathesen sind die von *cornuch* kranich Corp. 995, *cornuc* 996 und die umgekehrte in *scruf* neben *scurf*, die beide in den Ld. häufig vorkommen und nach Cockayne beide noch jetzt gebräuchlich sind.

§ 180. Herr J. Platt verweist mich hierzu auf das Aelfric'sche *pǽtiz* für älteres *prǽtiz*. [1]

§ 183. Hier hätten die metathesen des *l* in den zuletzt von Kluge besprochenen formen wie *setl-seld* etc. erwähnt werden sollen; desgleichen die umstellungen des *l* in den namen auf *-zils* aus *-zisl* und der endung *-els* aus *-isl* (ob *zyrdisl* Ep. 582 noch alt ist?) sowie *-ilfe, -elfe* aus *-ifli* in *innelfe* eingeweide (*innefle* Ld. 2, 176), Beitr. V, 529. 531. [2]). Wenn man vereinzelten beispielen wie *úld* languor Ld. 1, Lxxiii = O. E. T. 174, 2 (in den alten Loricaglossen), *lenctinúld* Corp. 2001, *zeúlhswile* Ld. 2, 44, *cealfúdl* Ld. 2, 240 für *zeázlswile, ceaflúdl* trauen dürfte, so wäre dieser metathese eine ursprünglich grössere ausdehnung zuzuschreiben; vgl. auch zu § 186.

---

[1] Ich bezeichne im folgenden eine reihe von nachweisen einzelner stellen, die ich herrn Platt verdanke, mit sternchen hinter dem citat.

[2] Dem ebenda citierten ahd. *innadiri*, alts. *innathri* scheint ags. *innefora* zu entsprechen: *inneforan* acc. sg. Ld. 2, 166. 246, gen. Ld. 2, 228, pl. *þá innoforan* Ld. 2, 242.

§ 184. Man beachte den wechsel von *m* und *b* in *nymðe*
und *nybðe* Vesp. Ps. 194, 33.

§ 185. Auf dem kreuz von Collingham, Stephens I, 390,
Sweet, O. E. T. 128 steht noch einmal *onswini* geschrieben. Da
aber schon auf dem Ruthwellkreuz *fusæ*, auf dem von Lan-
caster, Stephens I, 375, Sweet 128, *cuþbœrec*, auf dem sehr
alten Themsemesser, Stephens I, 361, Sweet 129 *beaᵹnoþ* erscheint, so glaube ich dass die schreibung *onswini* nur nasalierte
aussprache des *o* andeuten soll.

Zu anm. 2 macht mich herr Platt auf den dat. *þâm ûhtan*
Aelfr. Hom. I, 74 aufmerksam, wonach er *ûhta* m. ansetzt.
Allerdings steht auch *ûhtna ᵹehwylce* Wand. 8 (*ûhtna ᵹehwâm*
Räts. 61, 6 beweist nicht, s. zu § 347); aber der dativ *on þâm*
ilcan ûhte Ld. 2, 346 macht es mir doch wahrscheinlicher dass
ûhte neutral war, vgl. unten die bemerkungen zur flexion von
wonᵹe zu § 280.

§ 186. Auslautendes *n* nach *ᵹ, c* erfährt nicht selten metathese. Das älteste beispiel das ich kenne, das freilich in seiner
vereinzelung für seine zeit nicht viel beweist, ist *senᵹ* Ep. 567 =
seᵹn Erf. (Corp. 1167). Häufiger ist diese erscheinung im Beda:
frenᵹ fragte s. 200 (*ᵹefrenᵹ* Ld. 1, 326 B), *renᵹ* regen s. 293,
þenᵹ, *ðenᵹ* Cura past. 393, 4. L. Wihtr. 20. Beda s. 131. 137.
175. 191. 307. 317. 330 (2 mal). 361 (2 mal). 401. 442. In den
Ld. begegnet mehrmals, z. b. 1, 148. 210, *renᵹwyrm* (*rænᵹcwyrmas*
1, 168 mit der variante *renᵹcwyrmas*) als name eines ein-
geweidewurmes. Auch Corkayne erklärt dies noch, mit Lye,
durch 'ringworm', während es doch kaum etwas anderes als
unser 'regenwurm' sein kann. Im glossar zu bd. II, s. 411
citiert Cockayne sogar eine nebenform *renryrm*, die entschei-
dend wäre, leider aber gibt er sie ohne beleg, und ich selbst
habe mir einen solchen nicht angemerkt; *rênryrm* als lumbricus
aber ist belegt: Aelfr. gl. 60 Somner. Cot. 121 (Lye).

Aehnlich steht *tânc* für *tâcn* Blickl. 205, 4. 243, 16. 245, 19,
und vielleicht noch öfter so in den hss., wo die herausgeber
geändert haben, wie Morris an der zuerst citierten stelle.

Völlig verloren ist das *n* in *wolc* Cura past. 285, 10. 24 (an
letzter stelle plural, C hat beidemal *wolcn*). Blickl. 245, 30.
Ld. 3, 278. Auch hier halte ich die annahme einer blossen

verschreibung für untunlich; ich glaube vielmehr dass hier wie
oben eine lautgesetzlich entwickelte form vorliegt.

In dem ersten der angeführten fälle ist natürlich nur
schematisch von einer metathese zu sprechen; der wirkliche
übergang war wol der, dass das schluss-*n* zu gutturalem
nasal wurde und vor diesem das *g* ausfiel, ganz so wie im
heutigen bairisch-österreichischen *sāng, bieng* für *sagen, biegen*
etc. Ein ähnlicher übergang muss auch wol als vorstufe der
metathese in *tânc* angenommen werden. Für *wolc* liessen sich
verschiedene erklärungen denken, z. b. dass es für **wolnc*
stünde; wahrscheinlicher aber dünkt mich, dass das schluss-*n*
zunächst tonlos wurde und dann in der aussprache ganz ver-
schwand, wie in dem bekannten altn. *vatz* für *vatns*.

Metathese von *m* liegt vor in dem jüngeren *worms* (*wurms,
wyrms, wrums*) citer für *worsm*. Beide formen begegnen schon
in der Cura past., *worsm* 273, 22 und in C 258, 15 (andere beispiele Ld. 1, 100. 250. 292, *wursm* Ld. 2, 202. 3, 48), *worms* 259,
2. 15 (Ld. 2, 200. 208. 278. Or. 29, 38, *wurms, wyrms* etc. Aelfr.
gr. 29, 1. 84, 2. Ld. 1, 354. 358); vgl. auch das verbum *wyrsman*
Cura past. 258, 1 C. Ld. 2, 6. 72. 102. 202 und *wyrmsan* Cura
past. 153, 3. 259, 1 etc.

Inlautendes *n* erfährt metathese in *clǣsnian* neben *clǣnsian*,
das doch von *clǣne* nicht getrennt werden kann. Die erstere
form erscheint einmal in C der Cura past. (*geclǣsnian* 196, 24),
sonst mehrmals in Ld. 2, wo der herausgeber meist geändert
hat (2, 222. 228. 234. 240. 262. 286). Im Vesp. Ps. herscht, ohne
umlaut, *clǣsnian*, Zeuner s. 90, während das northumbrische
wieder durchgehends *clǣnsia* zeigt (im Mt. z. b. 12 mal in
Durh., 8 mal in Rushw.). Vgl. auch die form *clǣnsnian* Bosw.-
Toller 157[b].

Auslautendes *mn* wird sehr oft zu *m* vereinfacht; zahlreiche belege bietet *em-* für *emn-* = *efn*; ähnlich *hræm, hrem*
rabe, Bosworth-Toller 555[b] (danach auch flectierte formen mit
inlautendem *mn,-s.* ebenda), *fêmhâdlicum* Haupt gl. 459[b]. Ebenso
schwindet das *n* von *wǣpmman* sehr häufig (*wǣpman* z. b. Aelfr.
gr. 50, 15. Ex. 12, 37. Deut. 4, 16. 22, 5. Mt. 19, 4. Saints 2, 50;
ähnlich *ellmzn* aus *elmboza* Germ. 23, 396[b]. L. Aelfr. pol. 54 aus
elmboza Beda 616, 23 Smith.

Auslautendes *n* schwindet in späteren texten sehr gewöhn-

lich in der präposition *on-*, sobald dieselbe als erstes glied
eines compositums oder einer festen formel steht; sie erscheint
dann als *a-*; für fälle wie *abûtan, amang, aweg, arihl* oder
adrǽdan, afön etc. geben die lexica genügende beispiele. Vereinzelt findet sich *o* in *omiddan* Gen. 3, 3. 7, 7, *onihl* Ld. 3, 6,
owôpe Blickl. 89, 5.

Inneres *n* schwindet spät in mittelenglischer weise in den r-
casus von *min, ðin* und seltener *ân : mire* C. D. 3, 271. 272. 361,
mira C. D. 3, 273, *mŷra* C. D. 3, 138, *ðŷrae* C. D. 3, 36, *ôre* Luc.
18, 25 BC. Ld. 3, 438. C. D. 3, 272.

Aus *ondlong* entsteht zunächst durch ausfall des *d* die
späte nebenform *onlong*, z. b. C. D. 5, 186. 6, 218, und weiter
ollunc C. D. 3, 35, *olluncges* C. D. 3, 35, *ollonc* C. D. 6, 234.

§ 192. Auffallend lange erhält sich das *b* in *nǽbre* C. P.
71, 3. 317, 19. 349, 15. 425, 4. 445, 4 und *febres* 228, 3; nach
der nebenform *febbres* 229, 3 hängt dies wol mit der allgemeinen verschärfung vor *r* zusammen (*fêfor - febbres* ?).

Erst sehr spät zeigt sich vereinzelt *f* für auslautendes *v*:
hîfcundum Hpt. gl. 413ᵃ, *gehlôf* mugitum ib. 440ᵇ, *gleôf* glühte
ib. 509ᵃ, *hlêf* grabhügel C. D. 6, 24; einmal auch inlautend
stânhîfete C. D. 6, 60.

§ 196, anm. 1. Zwischen *s* und *l* wird später oft *t* einge-
schoben in *mistlic* für *mislic* verschieden: Boeth. 48. 62. 80. 86.
146. 176. Ld. 3, 198. 234. 250. 266. Serm. Lupi 32, 11. 33, 19.
42, 20 Napier. L. Aethelr. 6, 28. Ranks 3 etc. So schon in einer
urkunde von 831 *elmestlicust*, C. D. 1, 295 = O. E. T. 445, 5.

§ 197. Hier ist die einschiebung von *d* zwischen *n-l* in
endlufon und zahlreichen adjectivis wie *hwîlendlic, ondrysendlic,
forgyfendlic* zu erwähnen.

Zu anm. 1 ist nachzutragen, dass der wechsel von betontem
and- und unbetontem *on-* anlass dazu gegeben hat, gelegentlich
ein etymologisch allein berechtigtes *on-, an-* in *and-* zu ver-
wandeln: *andcleowa* Aelfr. past. ep. 15, *andrealð* Bosworth-Toller
14, ferner Luc. 19, 17. Ld. 3, 436 (2 mal). 490. Haupt gl. 414ᵃ.
424ᵇ. 443ᵇ. 474ᵃ. 501ᵇ, *andreaðhnys* Haupt gl. 433ᵇ. 452ᵃ. 461ᵇ.
463ᵇ. 465ᵇ.

§ 198, 4. Hierher gehört auch *gitsian* nebst ableitungen,
das fast stets mit *ts* geschrieben wird; doch *gidsiende* C. P. 60, 11,

židsiað 334, 8, *židsunže* 148, 6. 156, 2, *židsere* 330, 7. 19, *žid-seras* 330, 6, alle nur in C.

§ 199. Wülcker hat im Lit. centralblatt 1883 sp. 93 f. mit recht gegen die angabe einspruch erhoben, dass in späteren hss. eine regelung der setzung von *þ* und *ð* nach anlaut und inlaut stattfinde. Ich habe erst nach dem erscheinen meines buches ersehen, dass einige gedruckte texte, auf die ich jene angabe gestützt hatte (wie Bouterweks ausgabe der Aldhelmglossen und Thorpe's folioausgabe der gesetze), diese regelung erst willkürlich eingeführt hatten.

Dagegen muss ich bei der angabe verharren, dass *ð* in der älteren zeit durchaus überwiege. Wenn Wülcker fragt, welches denn die besten hss. älterer zeit seien, deren gebrauch ich folge, so kann ich ihn nur auf den von ihm citierten paragraphen zurückverweisen zu dem er die frage erhebt, und wo ich in der vorletzten zeile ausdrücklich die Cura past. und den Vesp. Psalter nenne.[1]) Ich hätte auch noch auf die northumbrischen texte und vor allem auf die urkunden verweisen können, die das ganz allmähliche auftreten des *þ* deutlich erkennen lassen. Ein blick in Sweet's O. E. T. wird künftig einem jeden die sache sofort verdeutlichen. Richtig ist natürlich, was Wülcker über den gebrauch des *þ* in der hs. der Corpusglossen bemerkt; aber diese stehen eben hierin unter den ältesten texten ganz isoliert und können die allgemeine regel nicht umstossen.[2])

---

[1]) Es ist auch nicht richtig wenn Wülcker a. a. o. angibt, ich hätte nicht gesagt, wonach ich die Epinaler glossen benutzt hätte; denn in dem von Wülcker an jener stelle besprochenen quellenverzeichnis s. 2, z. 13 f. nenne ich ausdrücklich den abdruck von Mone im Anzeiger; und Wülcker's worte können doch unmöglich bedeuten sollen, ich nenne zwar 'z. b.' den abdruck Mone's, gebe aber nicht ausdrücklich an dass ich ihn auch benutzte.

[2]) Wülcker ist übrigens entschieden im irrtum, wenn er a. a. o. Ep. für jünger erklärt als Corp., vgl. Anglia III, 411 f. Was dort über Ep. gesagt ist, kann ich nach eigener einsicht der hs. nur bestätigen. Aber auch abgesehen von der absoluten altersfrage der beiden hss. kommen von Corp. für die grammatik doch fast nur die plusglossen in betracht, welche dies glossar vor Ep. voraushat. Wo beide texte stimmen, hat Ep. fast stets die altertümlichere form. Dass Corp. danach wichtiger sei als das Durhambook, die hauptquelle für die kenntnis des northumbrischen

§ 202, 1. Zu den von Kluge K. Z. XXVI, 95 ff., Beitr. VIII, 535 f. Anglia, anz. V, 84 besprochenen wörtern gehört offenbar auch *færeld*, insofern auch dieses in den älteren ws. texten oft *lt* (aus metathese von *tl*) zeigt: *færelt* C. P. 91, 22. 257, 6. Oros. 93, 31 L. 90, 12, *færeltes* C. P. 255, 20. 25. Oros. 95, 2. 93, 34, *færelte* C. P. 49, 4. 133, 1. Oros. 87, 1. 92, 31. 93, 27. 122, 41 L, *færelta* C. P. 257, 9. — Zu *spätl* trage ich die auch von Kluge übersehenen north. formen *spädl* Mt. 27, 30 Rushw., *ðæm spädle* Joh. 9, 6 (beide hss.) nach; *miðlum* steht Corp. 1770.

Weiterhin sind hier *eðr*ader und *fremðe* fremd zu erwähnen (Zeuner s. 79). Ersteres herscht durchaus im Vesp. Ps., *eðre* 7, 10. 15, 7. 25, 2. 72, 21. 138, 13, *eðra* Hymn. 193, 3, im north. ist es nicht belegt; *fremðe* begegnet im Ps. 20 mal und öfter im north., Mc. 14, 71. Luc. 24, 18. Joh. 10, 5. Arg. Joh. s. 2 im Durh., Mt. 17, 25. 26. Mc. 14, 71. Joh. 10, 5 in Rushw.; *fremde* begegnet weder im Ps. noch im northumbrischen, dagegen *frempe* zweimal im Beda (Bosw.-Toller 333ᵃ). Hier liegt sicher nicht ein bloss zeitlicher, sondern ein dialektunterschied vor, anglisch *eðr*, *fremðe* gegen ws. *ædr*, *fremde*; denn die beiden ausnahmen im Beda sind ohne zweifel auf rechnung des mercischen schreibers zu setzen, s. unten zu § 394.

Ein ebensolcher dialektunterschied scheint aber auch im gebrauche der formen *bold*, *seld*, *spätd* (*seðl*, *späðl*) einer- und *bott*, *sett*, *spätt* andererseits zu bestehen. Die letzteren herschen im ws. fast ausschliesslich, und die *d*- und *ð*-formen mit oder ohne metathese sind im wesentlichen auf das anglische be-

dialekts, kann ich Wülcker ebensowenig zugeben, als dass ich unrecht getan habe, den mercischen dialekt überhaupt aufzustellen, weil er nur durch wenig denkmäler vertreten ist. Doch ist es mit ihm nicht ganz so schlecht bestellt als Wülcker meint. In der grammatik habe ich vorsichtigerweise den dialekt des Vesp. Ps. nicht mit einem der in herkömmlicher weise benannten dialekte identificiert, sondern nur darauf aufmerksam gemacht, dass er in wesentlichen punkten zum northumbrischen stimmt, und ihn sonst, wie meist auch Rushw.[1], für sich behandelt (dass ich den Ps. für northumbrisch erklärt habe, ist eine reine erfindung von Brenner, Engl. stud. VI, 94). Dass ich wie Sweet den Ps. für mercisch halte, habe ich im Literaturbl. 1882, sp. 461 bereits bemerkt; die stellung des Rushw. Matthaeus wird mir immer zweifelhafter; in manchen punkten neigt er entschieden zum westsächsischen, aber die ganze frage ist ohne genaueste statistische untersuchung nicht zu lösen.

schränkt. Für *bold*, das in der poesie neben *boll* oft erscheint
(auch *bylda* swm. Cräft. 75) bringen Bosw.-Toller als einzigen
ws. prosabeleg das compositum *boldʒetœl* L. Aelfr. 2, 37, sonst
habe ich nur aus Beda 131 die variante *ealdorbold* neben *-boll*
notiert; für *seld* finde ich bei Lye zwei belege Cot. 194 und
R. 106 mit der abgeleiteten bedeutung 'aula', die vielleicht
aus der poesie oder wenigstens, was die mit den Corpusglossen
nahe verwante sammlung in Cot. betrifft, aus einem anglischen
glossar geflossen sein könnten, ferner ein *ðrymseld* aus dem
Voss. Ps. 88, 29, über dessen dialekt ich nichts anzugeben vermag; dafür aber zahlreiche belege für *boll*, die ableitung *byllan*,
gebyllian, *gebyllung* etc. und *sell*, *heáhsell*, *ðrymsell*. Der Vesp.
Ps. hat dagegen 21 mal *seld* einschliesslich *héh-* und *ðrymseld*,
kein *sell*; *boll* und *spätt* sind nicht belegt. Im northumbrischen
liegen die dinge freilich bunter.

In Durh. finde ich *seatul* Mt. 23, 2, *scatla* Mt. 19, 28, *-as* 21, 12. Mc.
11, 15. Lc. 11, 43. 20, 46, *:um* Mc. 12, 39, *sella* Mc. 12, 39; daneben *héhseðil*
Mt. 5, 34, *seðel* Mt. 19, 28. 25, 31, *héʒhseðel* Mt. 23, 22, endlich *foresedlo*
Mt. 23, 6, *héhsedle* Mt. 27, 19. Joh. 19, 13, *sedle* Lc. 1, 32. 52, *sedlo* 20, 46,
héhsedlo 22, 30; in Rushw. ungefähr ähnlich: *sœtil* Mt. 23, 6, *setule* Mt.
23, 2, *setlas* Mt. 21, 12, *héhsetlle* Mt. 27, 19, *scotlas* Mc. 11, 15, *-um* 12, 39,
scatlas Lc. 11, 43. 20, 46; ferner *sepel* Mt. 5, 34, *seðel* Lc. 1, 32 und *sedle*
Mt. 19, 28. 23, 22. 25, 31. Lc. 1, 52, *-um* Mt. 19, 28, *ʒisedla* Mc. 12, 39,
sedlo Lc. 20, 46, *héhsedle* Lc. 22, 30. Joh. 19, 13. Aus dem Rit. verzeich-
net Bouterwek *héhseðile* 13, 28, *sedles* 27, 20, *-e* 47, 3, *héhsedle* 18, 5, *-o*
113, 2. Dazu halte das einmalige *beorʒseðel* Guthl. 73 (woher Kluge
K. Z. XXVI, 96 den beleg für *seðel* als erstes compositionsglied genommen, vermag ich nicht zu bestimmen), das bereits oben citierte *späðl*,
dat. *spädle* und *bydla*[1] Joh. 9, 31 (*-e* Durh.).

Metathese des *l* ist, wenn man von dem schon von Kluge
besprochenen *späld* El. 300 absieht, dem northumbrischen fremd;
dafür ist diesem dialekt das innere *-dl-* und wie es scheint
auch das *þl* eigentümlich; *þ* scheint ferner nach den oben gegebenen beispielen, in übereinstimmung mit der bekannten
Osthoff'schen regel, nur vor silbischem *l* zu stehen (wozu man
auch *héhseðile* im Rit. rechnen kann); abweichend davon heisst
es freilich *ðílo* Mc. 3, 10 (*aiðula* R), *miðluð* Mc. 7, 23 D (vgl.
auch *viððil[ung]* Rit. 98, 1; sonst habe ich mir aus Durh. 11

----

[1]) Das wort übersetzt zwar *cultor dei*, ist aber doch sicher nicht
von ws. *byllan* zu trennen.

ádl-, 3 *nêdl-*, 9 *wïdl-*, aus Rushw. 9 *ádl-*, 3 *nêdl-*, 5 *wïdl-* notiert); doch ist darauf zu achten dass diese beispiele auf wörter
der gruppe entfallen, welche niemals *tl* aufweist, und in denen
der Vesp. Ps. (gegen regelmässiges *setd*) stets *ðl* bietet: *ðöle*
102, 3, *wêðla* 11, 6. 13, 16 etc. (20 mal).
Was die doppelformen *eáðmòd-eádmôd* anlangt (Kluge,
K. Z. XXVI, 99), so kann der unterschied nicht ins germanische
oder westgermanische zurückreichen, denn *eádmôd* ist, wie man
aus den belegen der lexica leicht ersieht, erst eine spätags.
form; der Vesp. Ps. hat noch fast ausschliesslich, 45 mal, *eáð-
mòd* nebst ableitungen; ein *eádmôd* 73, 21 kann auf rechnung
der zahlreichen verwechselungen von *ð* und *d*, Zeuner 79 f., gesetzt werden. Auch C. P. hat, soviel ich sehe, nur *eáð-* (notiert
habe ich mir 9 belege).

Zu dem von Kluge, K. Z. XXVI, 99 erwähnten isidorischen
ithniuwi stellt sich ags. *eðcuide* relatio Corp. !729, *eðwitadon*
Durh. Luc. 20, 17.

§ 202, 3 ist auch *brýtofta* sponsalia (Bosw.-Toll. aus Wr.
gl. 50, 35) anzuführen, das doch wol für *brýdþofta* steht. Zu
ofermétto hätten auch *eáðmétto* und *weámétto* traurigkeit (zu
weámòd; pl. *weámétta* Inst. pol. 10, Laws s. 429 anm.) angeführt
werden sollen, weil diese formen doch geeignet sein dürften,
die anhänger der annahme zu bekehren, das *ofermétto* eine
ableitung von *met* sei.

§ 205. Hiernach ist ein paragraph über den *z*-laut einzuschalten. Das zeichen *z* ist im ags. sehr selten; im C. D.
3, 295 begegnen *bezt*, *bezte* und *milze*, ferner findet es sich in
draconze Ld. 2, 350, *Azor* C. D. 4, 141 und in north. *bæzere* bap-
tista Rushw. Mt. 11, 11 mit den varianten *bædzere* ib. 16, 14
(vgl. *Adzurus* C. D. 4, 159) und *bezera* ib. 3, 1. Im Rit. wird
bæcere geschrieben 56, 2ᵇ. 3ᵇ. 67, 1ᵉ, *bæc(ere)* 196, 5 und *bæchere*
56, 2ᵃ. Im Durhamb. steht Mt. 3, 1 *bæstere*, was ich nicht mit
Bouterwek für eine alterthümliche form, sondern für einen
fehler für *bætsere* halte. Ebenso wechselt *c* mit *ts* in north.
plæce, *plætse* platea : Durh. *plæcena* Mt. 6, 5, *plæcum* Mc. 6, 56.
Luc. 10, 10, *plæcū* Luc. 13, 26. 11, 21, *plæcvm* Rit. 36, 1. 65, 3,
aber in Rushw. *plætsu* Luc. 10, 10, *plæsum* Mc. 6, 56: so auch
ynce L. Aethelbr. 67. Das *ts* tritt sodann — um von den be-

kannten fällen abzuscben, wo es durch zusammentritt ursprünglich getrennter *t, d + s* entstanden ist — noch auf in (*ʒe*)*brytsena* brocken Mt. 14, 20. Mc. 8, 8. 20. Joh. 6, 12. 13 und dem fremdnamen *atsur* C. D. 4, 87. 137, *ætsur* C. D. 4, 263 = altn. *Ọzurr*; ebenso nach *n* in *patentse* Or. 123, 24, *dracentse* Ld. 1, 12. 106 und öfter in *yntse* uncia, z. b. Ld. 1, 118. 150; daneben auch *yndse* Ld. 1, 76 (2 mal). 248. Oros. 93, 38, *adsur* C. D. 4, 78 und *ynse* Ld. 3, 74, *draʒense* Ld. 3, 24 (entsprechend dem ausfall des *t* in formen wie *finst, senst, stenst,* § 359, 2).

Weiterhin hätten hier die verschiedenen formen von *isern* erwähnt werden können. Wenn man nach dem Vesp. Ps. und der Cura past. schliessen darf, so ist *iren* wesentlich anglische, *ise(r)n* sächsische form: subst. *iren* Ps. 104, 18, -*e* 106, 10, adj. *irenu* 106, 16, *irnum* 149, 8, allerdings auch einmal *iserre* dat. sg. f. 2, 9; dagegen subst. *isern* C. P. 163, 24. 185, 25, -*e* 267, 18. 21, *isen* 365, 10, -*e* 269, 5 (*iserne* C). 271, 3, adj. *iserne* acc. sg. m. 163, 23. 165, 9. Auch sonst überwiegt in der sächs. prosa durchaus *ise(r)n*.

§ 206 füge nach z. 5 ein 'eine tönende spirans *ʒ*'.

§ 208. *qu* ist ziemlich häufig in den Corpusglossen; sonst vgl. noch *quiða* Ep. 661, *quicae* 1088, *quémde* Bl. gl.

§ 209. Für *x*, einerlei welchen ursprungs, findet sich eine ganze reihe verschiedener schreibungen, für die ich einige belege hersetze:

cs: *æcs* C. P. 165, 25. 167, 7. 9, *ácsian* C. P. 49, 8. Boeth. 134. 240. Oros. 65, 30, *wacsan* waschen Beda 92. 361, *þurcson* Luc. 22, 64 A, *weocs* Judic. 13, 24, *nýcst* Jud. Civ. Lund. 8, 4, *þrecswalde* Beda 390; cx: *acxe* Oros. 27, 32. Ld. 1, 334. 370, *ricxade* Beda 6, *wacxon* Ex. 19, 10; hx: *ắhxian* Oros. 63, 12, *betweohx(n)* C. P. C 196, 7. 210, 7. 8. 212, 12, *wihxð* C. P. 217, 2 H, *weahxað* Gen. 9, 1, *meohxe* Ps. 82, 9 Grein[1]); xs: *æxs* C. P. 339, 14, *axse* Oros. 79, 19, *ắxsian* Oros. 17, 10. Ep. Alex. 408, *oxsan* Joh. 2, 14. 15. C. D. 6, 132, *weoxsen* C. P. 293, 6, *weoxson* ib. 295, 8, *ʒesyxst* Beda 308. Mc. 5, 31, *anxsumnesse* Ld. 3, 206; cxs: *ancxsumnysse* Ld. 1, Lx1; hxs: *ắhxsiað* Joh. 9, 21; hs: *ahse* Oros. 105, 13. Ld. 1, 106. 2, 18. 28, *ắhsian* L. Ine 39. Boeth. 256. Deut. 4, 33. Ep. Alex. 415. 576. 687, *ʒeohsa* Ld. 2, 60. 62. 248, *ʒihsa* 2, 60, *rihsodon* Blickl. gl., *wǒhson* wuschen Luc. 5, 2, *weahsan* wachsen C. P. 71, 16. 109, 5. 141, 1, *wihst* 217, 2 C; ʒs: *ắʒsode* L. Eadw. 4.

---

[1]) Wenn also Varnhagen, Anz. f. d. altert. IX, 174, anm. 2, Storm es zum vorwurf anrechnet, dass er die form *meohx* citiert, und wenn er

§ 210, 1. Weitere beispiele sind *sclát* carpebat Corp. 433,
äsclæcadun 693, *äsclacade* 1014, *scluncon* Ep. Alex. 320, *sclæde(s)*
C. D. 5, 240. 6, 166, *sclælæcere* C. D. 3, 423, *sclardes pôle* C. D.
3, 424.

§ 213, anm. Allerdings sind die fälle am häufigsten, wo
iʒ für silbenanslautendes *ʒ* gesetzt wird, aber auch schreibungen
wie *fyliʒan*, *wyriʒan*, *meriʒen* etc. sind in späten texten gewöhnlich. Es hätte ausserdem angemerkt werden sollen, dass
auch dies *ʒ* nach § 214, 5 öfter ausfällt; vgl. z. b. formen wie
fyliað Mc. 16, 17, *fyliende* Joh. 1, 38, *wyriað* Mt. 5, 11, *wiriað*
Le. 6, 28 oder *fylidon* Mt. 4, 22, *filidon* Le. 9, 11, *fylide* Mt. 26, 58.
Le. 23, 27. Job. 6, 2, *fyliþ* Joh. 8, 2 u. dgl.

§ 214, 1 sind am schlusse des ersten absatzes die worte
'vielleicht nur kentisch' zu streichen.

Was die fassung der regel angeht, so hat Kluge, Anglia,
anz. V, 84 recht, die beschränkung derselben auf lange gutturale
vocale zu verlangen für den fall dass nicht noch ein consonant
folgt. Ich finde nur da vereinzelt die schreibung *èh* wo altes
éah vorliegt: *forbéh* Luc. 10, 31; in formen wie *éhsealf*, *éhwære*,
éhþirt oben s. 211 könnte zwar auch dieselbe erklärung angenommen werden, doch liegt es hier näher, an den einfluss
des folgenden consonanten zu denken.

Dagegen kommen einige *h* für *ʒ* nach kurzen palatalen
vocalen vor: *äwæh* Gen. 23, 16, *weh* Ld. 1, 374, *äweh* Ld. 2, 88;
nach kurzem *a* öfter in dem fremden *állah* in den gesetzen;
nach kurzem *ö* in *ʒeloh* Ld. 1, 190 und vor consonanten in
hohful(ness), wofür 4 belege bei Bosw.-Toller; vor consonanten:
fuhlas Mt. 13, 22. Le. 13, 19, *fahnodon* Mc. 14, 11, *fahnude* Luc.
1, 44, *oferwrohte* acc. sg. m. (für *oferwroʒenne*) Mc. 16, 5, *dreh-
niʒeað* (?) Mt. 23, 24.

Weitere zeugnisse für den spirantischen charakter des *ʒ*
sind die schreibungen *ʒh* und *hʒ*: *böʒh* C. P. 81, 19 HC, *föʒhere*
(l. *wöʒhere*) Hpt. gl. 506b, *tötoʒhene* 515a, *deáʒhiau*, *deáʒhe* 524a;
aþwöʒh Beda 176, *slöʒh* 185, *undernáʒh* 260, *bréʒh* 365, *eáʒhfyrt* 264.

— Varnhagen — weiterhin diese form für 'falsch' erklärt 'auch wenn
sie sich finden sollte', so fällt der vorwurf auf ihn zurück. Grein's
glossar ist doch für einen anglicisten nicht eine so fern liegende quelle
dass man nicht erwarten dürfte, sie wenigstens nachgeschlagen zu sehen.

416, *ęzhþyrla* 278; *ðwöhʒ* 187, *ʒestâhʒ* 242. 265, *ästâhʒ* 265, *burhʒ* 335.
373, inlautend *ʒewehʒene* 13, *wihʒena* 58, *onwrihʒennysse*, *onwrihʒnes*
183, *brêhʒe* 366, *dihʒlum* Ld. 1, 138, *wöhʒan* C. D. 3, 389; nach *l* in
onwealhʒe Beda 317 und namentlich nach *r*: *burhʒe* Beda 129. 145. 152.
158. 179. 253. 260. 272. 285. 300. 399, *burhʒa* L. Aethelr. 3, 1. Luc. 9, 6,
beorhʒan L. Cnut. 1, 7 s. 156, *hearhʒe* Beda 147, *sorhʒiende* 139,
sorhʒende 171, *sorhʒum* Blickl. 5, 29, *morhʒen* Luc. 13, 32. 33, *fearn-
beorhʒinʒa* C. D. 3, 227. Ganz vereinzelt finde ich auch ein *deâche*
für *deâʒe* Haupt gl. 513ᵇ.

Für die interessante assimilation von *h-ʒ* zu *hh*, *hch* in
nëh(c)hebûr, *-bŷrin* s. ws. belege oben s. 211. Auch northumbrisch begegnet dieselbe: *nëhebûras* Luc. 1, 58. 65. 14, 12. Joh.
9, 8, *nëhebûrü* Luc. 15, 6, *nëhebyrildas* Luc. 15, 9 in Durh.;
Rushw. liest überall *nêhʒibûras*, *-um*.

. Ferner gehört hierher der oben s. 208 besprochene spätws.
abfall des *ʒ* vor *ea* insbesondere in *middaneard* und *wineard*,
insofern er für eine aussprache als *j* beweist; *i* für *ʒ* begegnet
schon in *ieicenn* C. P. 333, 5 H. *Jymcliath W. Ro"(...)*.

Zu § 214, 3 hätten *onʒeân*, *tôʒeânes* angeführt werden
sollen; dies sind die echt ws. formen und schon sehr alt; nur
Cura past. 119, 10 finde ich noch ein *onʒeaʒn* in H gegen *onʒeân*
in C. Dagegen steht *onʒeʒn* Vesp. Ps. 49, 21. 58, 6. 183, 25
durch; aus dem Durhambook citiert Bouterwek ein *onʒeaen*
Mt. 25, 1 und ein *onʒân* Mt. 25, 6 (so, nicht 16), sonst nur
onʒœʒn, *tôʒœʒnes*, und auch an den beiden ersten stellen hat
Rushw. *onʒœʒn*. Die formen *onʒeʒn*, *tôʒeʒnes*, die Grein aus
der poesie (und Beda) anführt, halte ich danach für anglische
einschleppsel. Ueberhaupt scheint es mir, als ob in der ver-
drängung des *ʒ* in dieser stellung das sächsische dem anglischen
vorausgegangen sei; aber freilich liegt die überlieferung zu
ungünstig, als dass man zu einer festen entscheidung kommen
könnte. — Eigentümlich steht im Beda s. 266 *frunnon* und
304 *frinnendum* für *fruʒnon*, *friʒnendum*, wofür ich sonst keine
analogien beizubringen weiss.

§ 214, 5. Ebenso wird inlautendes betontes *îʒ* bisweilen
behandelt; formen wie *drie*, *drium* für *drŷʒe* etc. (s. z. b. Bosw.-
Toller 213ᵃ) sind in späteren hs. nicht selten; so auch *ûjlian*
Ld. 1, 208. Hom. 1, 466 (letzterer beleg nach Holtzmann s. 210)
für *ûjliʒan*.

§ 215. Auch inlautendes *nʒ* wird bei vocalsynkope zu *nc* wenn ein tonloser consonant dahinter tritt, z. b. *sprincð* Boeth. 88. Oros. 17. 29. Ld. 3, 268, *bryncð* bringt Luc. 3, 9, *strêncð* kraft Joh. 12, 38, *Hencstes* neben *Henʒestes* C. D. 3, 211; häufig *lencten* neben *lenʒten* (und *lenten* Vesp. Ps. 73, 17); ferner *ʒeuncsumian* Saints 7, 63. 9, 103. 116. 124, *anxumnysse* Haupt gl. 429ᵇ und oben s. 223. Dass auch da wo man in solchem falle *nʒ* schrieb, die aussprache vielmehr *nc* war, scheint mir daraus hervorzugehen, dass gelegentlich auch für altes *nc* hier *nʒ* geschrieben wird: *drinʒð* Joh. 4, 13, *ðinʒþ* dünkt Joh. 4, 19. Ld. 3, 236, *stinʒð* stinkt Joh. 11, 39. Im übrigen vgl. unten zu § 224.

Nach *t* wird ursprünglich inlautendes *ʒ* öfter zu *c* in *cræftca* (Holtzmann s. 210, belege bei Bosw.-Toller), dazu die nebenformen *cræfca* (Aelfr. gr. 215, 9 varr.) und *cræftica* mit secundärer einführung des mittleren *i*.

Geminiertes *ʒ*, das nicht aus *ʒj* erwachsen ist, erscheint in *froʒʒa* frosch; soviel ich sehe kommt dafür *frocʒa* äusserst selten vor; Bosw.-Toller führt s. 339 nur einen beleg (Ps. Sp. 77, 50) an. Ebenso *cluʒʒe* glocke Beda 595, 40 Smith; für *sucʒe* motacilla, welches Holtzmann s. 212 neben 'cluʒʒe' aufführt, finde ich bei Lye nur *sucʒa*, *sucʒe* ohne beleg; dagegen *suʒʒa* Mone QF. 314, 43.

§ 217. Anlautendes *h* schwindet später oft im zweiten gliede von eigennamen wie *ealdelm* Beda 436, *eadelm*, *ælfelm* C. D. 3, 293 etc. etc.

§ 218. Ausnahmen von dieser regel bilden einige neubildungen von wörtern auf *h*, wie *hælhihtum* angulosis Haupt gl. 409ᵃ, *horhehtan*, *-tre* Ld. 2, 222. 224 neben älterem *horweht* (vgl. unten zu § 242). Auffällig ist north. *ʒenêhwia* nähern, Mt. 10, 7. 19, 5. Luc. 15, 15. 16, 13, das man aber doch auch wol als neubildung nach *nêh* betrachten muss.

§ 220. Zu *ʒehhol* hätten die nebenformen *ʒeohol, ʒeoh(h)el* angeführt werden sollen, die reiner ws. gepräge tragen (die schärfung des *h* vor *l* wie die vor *r* in north. *æhher, tæhher*; sonst verhalten sich *ʒeohhol* und *ʒeól* wie altn. *hwél* und *hjól*, d. h. das erstere ist niederschlag der stammbetonten, das letztere der der endungsbetonten form); *pohha* gehört vor 'north.'

der vorausgehenden zeile, es̄ ist ein gemeinags. wort (z. b. Cura
past. 343, 20 (2 mal). 24. Ld. 2, 138. 208. 3, 48). Weitere beispiele sind *crohha* luteum Corp. 1254 (vgl. auch Cot.
119 bei
Lye, was übrigens wol dieselbe stelle ist, da Cot. mit Corp. in
vielen seltenen wörtern übereinstimmt), *scocha* lenocinium
Ep. 579.

§ 221. Für *ht* tritt spät wieder vereinzelt *cht* auf, z. b.
betächte, ælmichtizes C. D. 3, 112.

Zu 2 hätte bemerkt werden können, dass auch *hs* das
erst durch vocalsynkope entstanden ist, bisweilen durch *x* und
dessen stellvertreter (oben s. 223) bezeichnet wird: *zesyxt* Ld.
1, 360, *zesyxst* Beda 338. Mc. 5, 31; namentlich begegnet öfter
néxta für *néhsta* (oben s. 212), z. b. Oros. 48, 38. 49, 24. Aelfr.
gr. 106, 11.

Im zweiten absatz füge *wǣsma* vor *wǣstm* ein. Für *ðisle*
lies *ðisl*, da das wort in der älteren zeit stark flectiert; in
Corp. erscheint noch ein nom. *þixl* 205, dat. *þixlum* 2007 =
dixlum Erf. 1042, während Ep. hier *dislum* liest (dagegen schwach
temo þisle Mone QF 319, 342). Offenbar liegt hier ein alter
wechsel, nom. *þixl* mit silbischem *l*, gen. *þisle* etc. zu grunde
(Beitr. VII, 193 ff. VIII, 148 ff.). In *ôxn* ist die vollere form
gewahrt, ebenso durchgängig in *wrixl* und ableitungen.

§ 222, 2. Die regel hat sich mir seither immer mehr be-
stätigt. Weitere beispiele dafür sind *ãwer, ôwer, ãwðer, ôwðer,*
Beitr. IX, 142; *ôu[ua]nu* Leid. Räts., *pleóualch, pleóuald* npr.
(zu *pleoh*) Lib. Vit. 165. 275 Sweet; vor *n bitweónum, láne* zu
alts. *léhni, lénnan* leihen; vor *m: fleám* aus **flauhmo*; vor *l*:
ðweál bad, *neúlice, neúlécean, zemálic* importunus, zu *zemãh,
fúlécean, fǣlécean* zu *fâh, pleólic* Or. 50, 16. Boeth. 42. Aelfr.
praef. Gen. 22, 8, *tôlice* zähe Corp. 1033 (aber *tôhlice* 2170,
thôlicae Ep. 1063), vor *r* in *eórisc, eórod,* auch wol *Eómǣr,
Eóric* zu *eoh,* Ettm. 35. 63.

Die ältesten texte haben wieder einige *h* in dieser stellung
erhalten: *bituichn* Erf. 546 = *bituién* Ep., *th"achl* Erf. 326 =
ðhuehl Corp. 641; doch ist zu beachten, dass es sich in beiden
fällen um silbisches *n, l* handelt, wonach dieselben eher unter
§ 218, anm. fielen.

§ 223, anm. 1. Gebäufte schreibung in *misthãzch* Corp. 667;
über formen wie *zemãzlic* s. unten zu § 294.

§ 224. Dieselbe veränderung tritt auch vor tonlosen consonanten ein; über formen wie *hilst, senlst* von *hiddan, sendun*, s. zu § 359, und oben s. 223. Zahlreiche beispiele in eigennamen wie *liulfrith, allceorl* u. dgl. liefert der Liber Vitae.

§ 225. Hierzu sind verschiedene nachträge zu machen.

1. Nach consonanten wird gemination zumal in späterer zeit gern gemieden; vgl. beispiele wie *eorlic, emniht, feltùn* (für *feldtùn*), *zeornes, wildeór, wyrtruma, wyrtùn, zwerstapa*, für *eorl-lic, emn-niht* u. dgl. So auch nach *ñ* in *rùmodlice* C. P. 327, 20, *rùmedlice, -or* 75, 17. 177, 7. 8, *-es* Boeth. 62, für *rùmmôdlic*; nach dem diphthongen *eá* in *zeleáful*, das z. b. in Aelfrics Heptateuch sehr häufig so erscheint (VT. 7, 12. 23. 10, 35. 44. NT. 12, 36. 14, 18. 27. 19, 32 etc.).

2. Ebenso wird gemination nach unbetonter silbe in späterer zeit oft vereinfacht. So bei der composition in fällen wie *atelic* Saints 1, 155, *dizolice* Beda 299, *dizelice* Oros. 130, 1. Joh. 18, 20, *sinzatic* Eccl. Inst. s. 469, *swutolice* Beda 183, *sweotolice* ib. 415, und dafür bei langer stammsilbe mit noch weiter gehender kürzung *deóflic* Aelfr. NT. 16, 1. 14. Serm. Lupi 31, 9 Napier. Saints 5, 421. L. Cnut. 1, 23 s. 160, *dizlic, dihlic* Mt. 1, 19. 17, 19. 24, 3. Joh. 11, 28 etc. Weiter kommen in betracht ableitungen mit *nn, ll, tt, rr*, wie die neutra *æfen, fæsten, wêsten*, gen. *-ennes* und *-enes* etc., die feminina *byrzen, -rêden, lunzen* etc. § 258 (belege in den wörterbüchern), *swinzel* (*-ele* Saints 9, 69), die neutra wie *bærnet, lizet* etc. (s. unten zu § 246 ff.), die zahlreichen verba auf *-et(t)an* und die comparative auf *-erra, -era, -ra* (s. unten zu § 314). Auch sonst greift diese neigung noch in die flexionslehre ein. Sie erklärt formen wie die acc. sg. m. *ofslæzene* Beda 316, *ofslezene* Luc. 20, 15, *zesawene, unsawene* Rect. 10, *cristene* Laws s. 410, *zebundene* Joh. 18, 21, *hêdene* Saints 2, 349, *zyldene* Saints 5, 185, *äfeallene* Saints 5, 357, oder gen. pl. wie *fæzera* Beda 183, *ôðera* Beda 318. Ld. 2, 272. L. Aethelst. praef. L. Eadw. 1. Eccl. Inst. 32 s. 483, dat. sg. f. *ôpere* Oros. 129, 7, Conf. Ecgb. 1, 38, und wieder mit vocalsynkope gen. pl. *ôðra* Cura past. 229, 13 H. Oros. 53, 35. 62, 28. Beda 55. 287. 291. Ld. 2, 212. Ep. Alex. 348. 763. Aelfr. gr. 164, 16. C. D. 3, 348, gen. dat. sg. f. *ôðre* Beda 3. 223. 269. L. Aethelb. 75. Poem. Ecgb. 1, 11. 4, 19. Saints 6, 10. 123. *eówre* Joh. 8, 17. 10, 34. 18, 31 u. dgl.

3. Leicht erklärlich ist es hiernach, dass zu einer zeit wo die setzung der geminata sich nur noch traditionell forterbte, während die aussprache nur einfachen consonanten bot, man vereinzelt falsche geminaten für ursprüngliche einzelconsonanten setzte, also formen wie *forenne* L. Aethelr. 1, 4 s. 120, *âzennes* Laws s. 409 (der folioausgabe), *ufenne* Saints 9, 25, *æðelborenne* nom. pl. ib. 6, 260 erzeugte. Dies ist namentlich dem acc. sg. m. von *cucu* zu gute gekommen, der u. a. auch als *cwicenne, cucenne, cucunne, cuconne* erscheint (belege unten zu § 303).

4. Auch in einigen tonsilben treten 'unorganische' geminationen auf. So vor allem in dem sonderbaren *reccean* für *rêcean* sich kümmern (Sweet, Reader[3] XXVII); das älteste beispiel dürfte wol *reccileás* Corp. 1646 sein; vgl. weiter *reccað* Cura past. 447, 27. 449, 22 (195, 6 in C, in H so aus *recað* corrigiert). Boeth. 88, *recceað* Ld. 3, 254, *recce ic* Boeth. 206, *recceleás* Cura past. 57, 18, *-leáse* 4, 23 C, *-leáslice* 361, 6. 439, 31, *-lêste* 453, 25, *-lîste* 194, 4. 9 C etc.; ferner in *lîcettan* (*beôð* *zeliccette* C. P. 149, 3, *zeliccetað* 449, 21 und sonst öfter; einzelnes andere der art aus der Cura past. bei Cosijn, Taalk. Bijdr. II, 134).

Jung ist die gemination in *þrynnes, þrittiz, þreottŷne* u. ä.

Substantiva.

§ 237, anm. 2. Drei weitere endungslose formen sind in den adverbialen *tô dæz* heute und *tô morzen, merzen, tô æfen* Ex. 16, 12 erhalten. Doch haben wir es in beiden fällen vielleicht nur mit jüngeren apokopierten formen zu tun. Der Vesp. Ps. setzt stets noch *tô deze* 2, 7. 94, 8. Hymn. 185, 27; belege für *tô dæze* neben *tô dæz* aus der poesie bringt Grein I, 183, prosabeispiele s. bei Lye s. v. *tô* sp. 2.

Von dem adverbialen *tô dæz* ist ohne zweifel der der älteren sprache ebenfalls fremde gebrauch von *dæz* als instrumental in den wendungen *ǽlce dæz* täglich Boeth. 92 (2). 94. 130. 210. Oros. 49, 44. Ex. 29, 36, *hwilce dæz* Ex. 10, 28, *ǽzhwylce dæz* Ld. 1, 192, *ôðre dæz* Ex. 2, 13. Joh. 1, 29. 35, *sume dæz* Gen. 39, 11 etc. ausgegangen. Auch das späte *zyrstandæz* mag hierher gehören. Ebenso *ǽlce morzen* Shrine 146.

§ 237, anm. 3. In späten texten, wie Saints, beginnt *-es* statt des *-as* des nom. acc. pl. m. einzudringen.

§ 237, anm. 4. Vereinzelt finden sich genn. pl. auf *-o*: *þâra siðfato* Ep. Alex. 122, *leóhtfato* 295, *earfeðo* 332, *þâra minra ondswaro* 423, *Mêdo and Persa* 400.

Die formen auf *-ena*, *-ana* mehren sich in den späteren hss. Die bemerkung über den ursprung derselben aus northumbrischen vorlagen ist zu streichen, da sie auch in texten erscheinen, bei denen an northumbrischen einfluss nicht zu denken ist; vgl. *zewritena* Aelfr. V. T. 1, 16, *sunena* Gen. 27, 44, *rammena* Gen. 32, 14, *zesceapena* Ld. 1, 218. Besonders häufig sind sie in Haupt gl.: *herzana* 451ª, *stafana* 460ᵇ, *bôzana* 464ª, *hærzana* 482ª, *ficapplana* 496ᵇ, *baðuna* 516ᵇ, *staðena* 516ᵇ, auch fem. *wênena* 471ª. Es fällt hierbei auf, dass die endung in diesem denkmal fast ausschliesslich *-ana*, nicht *-ena* ist; vielleicht darf man darin einen fingerzeig zur erklärung suchen: *ana* ist nicht direkte übertragung aus der schwachen declination, sondern das schwache *-na* wurde an den fertigen starken gen. auf *-a* angehängt.

§ 237, anm. 5 muss am schlusse des ersten satzes hinzugefügt werden, dass in den jüngeren ws. texten das *u*, *o* gewöhnlich durch *a* vertreten wird.

Am schlusse des paragraphen ist sodann im drucke die 'Anm. 6' über die späteren dativendungen *-on*, *-an* für *-um* fortgefallen, auf welche § 293, anm. 2 verwiesen ist.

§ 239, 1, a. *zeat* sollte im pl. eigentlich ws. nur *zatu* lauten, da nur vor dem *æ* des singulars das *z* palatalisiert werden und selbst nachgehends diphthongierung erzeugen konnte; diese form *zatu* ist denn auch noch mehrfach belegt: Blickl. 241, 11 (neben *zeatu* 85, 6). Gen. 22, 7. Deut. 20, 11. Mt. 16, 18, *burhzatu* Jud. 16, 3, *-a* Jos. 2, 5, dat. *zaton* Ps. 126, 6 Gr., ja das *a* dringt auch in den sing. vor (vgl. unten zu § 240): *zate* Luc. 7, 12, *portzate* Deut. 25, 7, *hordzates* Räts. 43, 11, *wealzate* Judith 141. In der poesie herscht dagegen, wie ein blick in Grein's material zeigt, der pl. *zeatu* vor (über Vesp. Ps. *zet-zeatu* mit *u-*, *o-*umlaut s. Zeuner s. 30). — Von *ceaf* spreu finde ich nur *ceafu* Mt. 3, 12.

Zu § 239, 1, b ist nachzutragen, dass in späten texten die endung der kurzsilbigen im nom. acc. pl. auch in die langsilbigen (einschliesslich der *ja*-stämme) einzudringen beginnt: *zefeohtu* Mc. 13, 7, *þreátu* Mc. 7, 8, *anzinnu* Ld. 1, 272, *behâtu* Ld. 1, 312, *.ꝛe(o)ꝛcu* Ld. 3, 184. 208, *sǽdu* 188, *swincu* 198, *zefeohtu* 200, *scinlâcu* 204, *bânu* 208, *webbu* 3, 210, *bizspellu* 214, *zeþancu* and *zeþeahtu* 214 (mit *a* dafür *weorca unrihtu* 208), *anzinnu* Saints 1, 15, *zyftu* 4, 27, *andwealdu* Haupt gl. 414ᵃ. 424ᵇ, *wâhriftu* C. D. 6, 133.

Von *zioc* begegnet ein unflectierter plural *XII zioc* a. 837 C. D. 1, 316 = Sweet O. E. T. 450, 20.

§ 240. Beachte die flexion von *zærs*, pl. *zrasu* und füge einen hinweis auf *mǽz-mâzas* ein (Kluge, Anglia, anz. V, 82). In der anm. ist anzuführen, dass einzelne *ea* sich in der poesie finden, *heafo* Beow. 2477, *treafum* El. 927.

Es ist ferner eine zweite anmerkung allgemeineren inhaltes beizufügen. In späteren texten nehmen auch gen. dat. sg. von *æ*-wörtern *a* an: *baþe* Ld. 2, 146. 172, 186, *paꝺ-paꝺe* C. D. 3, 425. 444, *paꝺæ* 3, 175, *steþ-staþes* C. D. 6, 26, *staþe* Ld. 3, 210, Beda 223, *fate* Aelfr. past. ep. 45. Ld. 2, 36. 116, *ârfæt-ârfate* Ld. 2, 34, *siþfate(s)* Beda 271. 446. Kent. gl. 307, *eorþscrafe* Blickl. 109, 31.

§ 242. Hierher gehören noch *eolh* elch, *scalh* weide (gen. [*reâdes*] *seales* Ld. 3, 14. 58, pl. *salhas* Leid. gl. 58 [O. E. T. 113], also sicher m.; *sealh* acc. sg. Ld. 2, 18, dat. pl. *salum* Vesp. Ps. 136, 2), *ealh* tempel, *healh* (oft in ortsnamen, zweifelhafter bedeutung); mit vorhergehendem vocal *flâh* n. dolus, nequitia, *slôh* n. engl. slough (aber *ꝺone slôh* C. D. 3, 381, *þâ slô* acc. sg. C. D. 3, 465, dat. *þǽre slô* ib. 3, 466), *throh*? rancor, invidia Ep. 814 (*throch* Erf., *troh* Corp. 1708), *fleâh* floh Ep. 813, *flçh* Corp. 1684 (gewöhulich *fleá* swm.).

Besondere abweichungen zeigen die neutra *holh* loch und *horh* schmutz. *Holh* ist in der älteren sprache wie es scheint die allein übliche nominativform des substantivs, *hol* begegnet erst spät, Metra 2, 11. Räts. 45, 6. Aelfr. gl. Wright 1, 159; dagegen *holh* Cura past. 219, 1. 3. 4. 7. 9. 243, 6; der plural aber lautet *holu* Boeth. 22. C. D. 3, 452. 455. Mt. 8, 20. Luc. 9, 58, *hola* C. D. 3, 454. Hom. 1, 160. Freilich kann sich auch keiner dieser texte an alter mit der Cura past. messen, sodass für die ältere sprache doch vielleicht ein pl. *holh zu erschliessen wäre. Einen grund zur trennung der beiden wörter sehe ich nicht.

Horh ist das wort, welches bisher (so auch noch von mir § 249) als *horu* angesetzt wurde. Ich finde für seine flexion folgende belege:

nom. acc. sg. *horh* Ld. 2, 24. 194 (2). 224. 242 (2).
horʒ Wr. 1, 252 (*hroʒ* 64).
gen. *horwes* Ld. 1, 100 (*hories* 0)
horewes Haupt gl. 490ᵇ
hores Ld. 1, 196.
instr. *horu* El. 297.
nom. acc. pl. *horas* Ld. 1, 174. 355 (*oras* hs.). Wr. 1, 46. *horewas* ms. Philipp f.ᵈ
dat. *horwum* Saints 11, 297. Hom. 2, 456. Job 15 Gr.

Wir haben es hier offenbar mit einem falle von grammatischem wechsel in der flexion zu tun. Ein nom. acc. *horu* scheint selbständig nicht zu existieren, wol aber erscheint er in der composition, *hora-seápe* Boeth. 188 (*horo-* C), *horo-weʒ* C. D. 5, 173 neben *hor-mæres wudu* C. D. 5, 165, *hor-pytt* C. D. 3, 37. 162. Auch in der ableitung schwankt *h* mit *w*, vgl. die artikel *horhcht, horiʒ* (dazu *horeʒan* 2 mal C. D. 6, 153), *horu-weʒ* (das zweite citat ist das adj. *horweʒ*, nicht = *horo-weʒ* oben), *horweht* bei Bosw.-Toller; north. *ʒehoroʒæ* inf. Mc. 14, 65, *ʒehoruadun* Mc. 12, 4, *ʒehoræd* part. Luc. 18, 32, und Rushw. *hyra* inf. Mc. 14, 65.

Ich bemerke noch dass das wort gewöhnlich ni. ist; *þæt horh* steht zweimal Ld. 2, 194.

Fernerhin könnte *fleah* albugo Cura past. 65, 4. 69, 15. 18 (an letzterer stelle zweimal *ðæt*) hierher gehören. Daneben aber begegnet *flio* Ep. Erf. 12 = Corp. 112, dat. *mid fleo* Guthl. Goodw. 96, 14, acc. *flie* Ld. 2, 2. 32. 300. 308, *fliʒ* Wr. 1, 285. Hiernach scheint einerseits ein ablaut *fleáh-fleóh*, andererseits auch eine suffixabstufung stattzufinden. Vermutlich gehört also das wort als alter os-stamm (grundform *flauhos, fleuhos, -is*) vielmehr zu § 288 ff.

Zu *hôh* l. plur. *hôs, hôas*; danach *sceóh, scôh*, pl. *sceós, scôs*. Den gen. pl. *sceóna* Mc. 1, 7 hat bereits Platt, Engl. st. VI, 149 nachgetragen; für *ðeóna* habe ich die weiteren belege Ld. 1, 80. 104. 208; ausserdem finde ich *feóna* Germ. 23, 395ᵇ (*bleóna* und *cúna* sind suis locis bei mir erwähnt; für *cúna* habe ich ausser dem von Platt gegebenen citat mir noch C. D. 4, 10. 284 notiert). Selbstverständlich sind diese formen sämmtlich junge neubildungen, welche die genetivendung deutlicher hervortreten lassen sollen. Den ältesten typus trägt gen. *bleó* Cura past. 87, 3. 9. 11. 13 mit regelrechter contraction aus *bleóa*, was später als neubildung Haupt. gl. 529[b] wieder auftritt; man vergleiche weiter die north. formen *scóe* Mc. 1, 7, *sceoea* L. 3, 16, sowie *twegra zecÿ* C. D. 4, 284 (zu *cú*, vermutlich 'ein paar kühe' bezeichnend). Der Platt 'unbekannte' dat. pl. *táum* steht, um auch dies gleich hier abzutun, in Aethelbrihts gesetzen 71 (welche stelle bereits bei Lye citiert ist) und in den Loricaglossen Ld. 1, LXXIV im Harl. ms., während die Cambridger hs. ib. LXXI *tánum* liest.

§ 243, 1. Obwol der eintritt der endung *-u* ursprünglich davon abzuhängen scheint, dass die vorausgehende silbe kurz ist, so finden sich auch formen wie *œcirnu* Gen. 43, 11, *heddernu* Deut. 28, 8, die freilich auch nach dem oben s. 231 gegebenen nachtrag zu § 239, 1, b beurteilt werden können. Hierher gehört dann auch *berenu, bernu* zu *ber(e)n* scheuer, aus **bereœrn* (oben s. 200).

Neben *tunglu* begegnet spät auch ein schwacher plural *tunglan* Ld. 3, 246. 247. Saints 7, 51, gen. *tunglena* Ld. 3, 242. Saints 5, 270, vermutlich an *steorran* angelehnt. Ich bemerke bei dieser gelegenheit, dass keineswegs allein *heofon* m. und *heofone* f. im spätws. mit einander abwechseln, wie Platt, Anglia VI, 171 angibt, sondern es besteht auch ein weiblicher nom. acc. sg. *heofon*: *seó heofon* Luc. 4, 25. Ld. 3, 232. 234. 254, *peós* - Ld. 3, 254, *ðás heofon and ðás eorðan* Ld. 1, 404, bei dem die annäherung an *eorðe* nur im geschlecht, aber noch nicht in der flexion stattgefunden hat; in den obliquen casus heisst es allerdings, soviel ich sehe, stets *heofonan*, sobald das alte geschlecht aufgegeben wird.

Zu § 244 füge man einen verweis auf die flexion von *worzen-mornes* § 214, anm. 3 und die anmerkung, dass die wörter auf *-els* wie *bridels, fœtels, zyrdels* etc. gewöhnlich masculina, selten neutra sind.

§ 245 schluss. Spät begegnet auch *fuzoles, fuzeles* etc.

§ 246. Hier ist ein drittes paradigma hinzuzusetzen; es betrifft die neutralen abloitungen auf -*en*, gcn. -*ennes*, wie *áʹfen*, *fæsten*, *wêsten*, und auf -*et*, gcn. -*ettes*, wie *wéʹlet* blitz (nom. acc. pl. *onǽletu* Lamb. Ps. 143, 8 Lye), *ánet* cinsamkeit (dat. *ánette* Cura past. 47, 2), *bærnet* brand (acc. L. Cnut 2, 65 s. 176, gen. *bærnettes* Ld. 1, 228, dat. *bærnette* L. Aclfr. 2, 12. lne 43. Ld. 1, 216. Saints 4, 301. 11, 261, *bærnytte* Gen. 22, 9. Ld. 1, 298), *emnet* ebene (dat. *þám emnette* Oros. 89, 38), *gráʹfet*? (*ðæt* - C. D. 5, 194, *gráuet* 193, *gráfette* 193. 195), *hiéwet* haucn (dat. *hiéwete* Cura past. 253, 20, *stánhífete* C. D. 6, 60 zweimal), *liézet* blitz (*lízet* Saints 4, 423, *lízyt* Mt. 28, 3, *lízett* acc. Ld. 3, 280, pl. *lízetu* häufig, beispiele bei Grein und Lye), *nierwet* enge (*nyrewett* acc. Oros. 63, 8, *nyrwet* Ld. 1, 236. 3, 12, *nyrwyt* Ld. 1, 140. 144. 236. 252. 270. 282, dat. *nerwette* Ep. Alex. 581, *nyrwette* Ld. 3, 76. Num. 22, 26), *rêwet* das rudern (gcn. *rêwettes* Joh. 21, 6, dat. *rêwette* Mc. 6, 48, *rêwytte* Ld. 1, 302), *slæzet*? (*ðæt slæzet*, *ðám slæzete* C. D. 6, 181). Dieselben flectieren im sing. wie *cynn*, haben aber im uom. acc. pl. -*u*, *wêsten(n)u*, *lízet(t)u* etc.; über die behandlung des *nn*, *tt* in späteren texten vgl. oben s. 228.

Lízet hat übrigens im plural bisweilen *lízetas* Beda 266, *lízettas* Ld. 3, 274*. Eccl. Inst. s. 469, und daneben besteht fem. *liézitu*, s. zu § 255, anm. 3.

Zweifelhaft bin ich über die bildungen welche den ahd. auf -*incli* entsprechen. Grimm, gr. 3, 681, setzt dafür ags. -*incle* an, aber die nominative gehen, soviel ich sche, stets auf -*incel* aus: *côfincel* pistrilla Corp. 1587, *húsincil* Rit. 181, 4. 7, *scipincel* Monc QF. 316, 135. Aelfr. gl. 73 Somn., *scippincel* ib. 77 (*rápincel* welches Lye aus Ps. 104, 11 — so ist statt 10 zu lesen — citiert, kann ich nicht nachschlagen, da mir Spelmans text nicht zur hand ist; die vulg. bietet den acc.). In den mehrsilbigen casus erscheint gewöhnlich -*incl*-, *bôzinclum* Haupt gl. 419ᵇ. 443ᵃ, *húsincle* dat. Vesp. Ps. 101, 7, *rápincle* dat. Blickl. gl. zu Ps. 77, 54 (zur selben stelle dieselbe form auch bei Lye citiert), *túninzclum*, *túnincle* dat. Haupt gl. 515ᵇ; ausnahmsweise finde ich bei Bosw.-Toller *húsincyle* aus Spelm. Ps. C 101, 7, *ðíowincelu* Vesp. Ps. s. 186, 15 (welches zugleich das ncutrale geschlecht erweist) und bei Lye *sulincela* Cot. 11 citiert, ohne dass erhellt, welcher casus gemeint ist. Hiernach ist es fraglich, ob stämme

auf *-inklo* oder solche auf *-inktio* mit verkürzung des nomina-
tivs zu *-incil, -incel* (aus *-inkiljo*, vgl. Beitr. V, 535 f.) zu grunde
liegen; doch spricht *ðiówincelu* im Ps. entschieden für die
letztere annahme.

§ 247, anm. 2. Auch nom. acc. pl. *heras* kommt vor, Or.
53, 11 Cott.; in dieser hs. ist *heres, here* durchaus übliche form.
Zu anm. 3 füge den dem nom. *bleóh* nachgebildeten dat.
bleóze Ld. 1, 284 und den dat. pl. *bleówum* Boeth. 48. Letztere
form ist auch Reiml. 4 statt des von Grein nach dem reime
auf *zliwum, hiwum* conjicierten *bliwum (*bleóum* hs.) herzustellen,
also *bliwum* bei mir zu streichen. Denn da wir es bei dem
Reimlied mit einem ursprünglich anglischen texte zu tun haben [1]),

---

[1]) Der ursprüngliche dialekt blickt in der überlieferung noch überall
deutlich genug durch. An beweisenden reimen haben wir ausser dem
oben angezogenen *bleówum* : *heówum* (ws. *hiéwum*) noch folgende:
sézon : *alézon* für ws. *sáwon* : *álázon* 5; *séze* : *sinczewéze* für ws.
sáwe : *-zewǽze* 17; *wér* : *biscer* für ws. *wǽr* : *biscear* 26; *frœtwum* :
zœtwum für ws. *frœtwum* : *zeatwum* 38 (vgl. *zefretwade* Vesp. Ps. 143,
12); *zrœfeð* : *hœfeð* (für ws. *hœfð* oder *hafað*, Ps. *hafað*) 66; *zewœf*:
forzœf für ws. *zewœf* : *forzeaf* 70; *biscerede* : *zenerede* für ws. *be-
scierede (bescirede)* : *zenerede* 70; ferner das von Grein richtig herge-
stellte *searo-fearo* 65 für ws. *searo-faru*. Ferner ist wahrscheinlich in
den versen 25/26 und 43/44 gleicher reim herzustellen; man lese v. 25/26
zér : *sner* (für *snerh* = ws. *sneurh*, ahd. *snaraha*) : *wér* : *biscer* und
43/44 *hréh* : *seéh* : *néh* : *infléh* für Greins *zear* : *snear, wǽr* : *biscœr*
und *hreóh* : *sceóh, neáh* : *infleáh*. An zwei stellen haben wir allerdings
unanglische reime, aber beidemal ist der reim erst von Grein durch
conjectur eingesetzt. V. 18 liest die hs. *þeznum zepyhte . þenden wœs
ic mœzen*, woraus Grein *þunden wœs ic myhte* herstellt. Es ist zweifelsohne mit anschluss an den reim der vorhergehenden zeile (*þœt hé in
sele séze sinczewéze*) zu lesen *þeznunze þéze*; die fortsetzung ist fraglich; mit benutzung von Greins *þunden* könnte man *þunden wœs ic méze*
lesen, ohne dass man recht sieht, was der verwante hier soll; ich möchte
also eher, allerdings mit ercierung eines ags. *ἅπαξ εἱρημένον*, vorschlagen
þeúdne wœs ic wéze, = ahd. *wági*, mhd. *wœge*, hier wol 'gewichtig, an-
gesehen'. Die zweite stelle ist v. 45, wo Grein *djre* : *fjre* schreibt;
das wäre anglisch *diúre* : *fjre*; aber die hs. bietet, obwol sie *dyre* setzt,
als zweites reimwort *feor*, und so ist es klar, dass ihre vorlage *deor* :
feor oder *deore* : *feore* gelesen haben muss, was auch immer diese worte
bedeuten mögen. Für speciell northumbrischen ursprung scheint der
reim *zrœfeð* : *hœfeð* zu sprechen, da im Psalterdialekt die formen
zrefeð : *hafað* lauten müssten. — Ich bemerke beiläufig, dass Wülckers
annahme, der dichter Cynewulf sei ein Westsachse gewesen, durch dessen

so können *zlinrum, hinrum (ninrum)* nur westsächsische umschriften für *zleónrum, heónrum, neónrum* sein (vgl. oben s. 202 ff.).

§ 248. Hier ist das contrahierte *zescié, zescý,* Ps. north. *ziscé* nachzutragen (oben s. 206); dazu einmal ein masc. plural *zesciós* Ep. Alex. 634 W (*zescio:* H).

§ 249. Bemerke späte schreibungen wie *smeoruw* Ld. 1, 208, *melun* Ld. 1, 270. Im acc. pl. der neutra findet sich auch *-nu, -nä, searwa* Blickl. 83, 33. 173, 8, im dat. pl. auch ohne *n smerum* Ld. 1, LXX = O. E. T. 172, 35 in den alten Loricaglossen (Ld. 1, LXXIV ebenso in dem jüngeren Harl. ms.), und dies dürfte die ältere form sein.

In der liste der beispiele füge *cniodu, cnudu* n. harz bei, wofür sich zahlreiche belege bei Bosw.-Toller finden; dagegen ist *teoru* sicher *wo*-stamm, dat. *teorne* Ld. 2, 132* (daneben ein sonderbarer gen. *sciptearos* Ld. 2, 124; sonst flectiert das wort auch schwach, offenbar von der zeit ab wo auslautendes *u, o* zu *a* geworden war, acc. *sciptaran* Ld. 2, 326, *ifiztaran* Ld. 2, 22, *scipteron* Ld. 3, 58), und *ealu* ist consonantischer stamm (vgl. Cockayne, Shrine s. 9).

reime auf's bündigste widerlegt wird: Crist 591 f. ist überliefert *swá helle hicnðu swá heofones mǽrðu, swá þæt leóhte leóht, swá þá láðan niht,* worauf noch drei weitere auch in der überlieferung gereimte zeilen folgen; in den beiden ersten wird durch die einsetzung der anglischen formen *hénðu : mérðu, leht : neht, nǽht* sofort reim hergestellt. Ebenso ist in der längeren reimstelle Elene 1237 ff. statt des überlieferten *riht :* *zepeaht* 1241, *miht : þeaht* 1242, *ämcel : bezeat* 1245 in anglischer form *reht : zepæht, mæht : þæht, ämcel : bezæt* zu setzen (1244 ist ausserdem statt des überlieferten späten *onnreák : fáh* natürlich das ältere *onnráh* herzustellen). In den übrigen gedichten finde ich keine strict beweisenden reime; denn *frætned : zeatwed* Räts. 29, 6 würde nach der auffassung von ten Brink-Kluge (der ich freilich nicht beipflichten kann) auch im ws. ein reiner reim sein. Ein reim passt freilich weder für den dialekt des Psalters noch für das northumbrische, nämlich *þweán : preán* Crist 1321; im Ps. würde derselbe *ðweán : ðréžan,* im north. *ðwá : ðréža* lauten. Aber auch für das ältere ws. ist eine form *ðrein* statt *ðreážan* nicht recht wahrscheinlich, obschon dieselbe schon einmal in der Cura past. vorkommt (*tó ðrcinne* 91, 15 H, in C noch *tó ðreážeanne*). Ich glaube also, dass an dieser stelle ursprünglich gar kein reim beabsichtigt war, und dass derselbe nur durch die einsetzung einer relativ späten form, *ðrein,* zu stande gebracht worden ist.

§ 250. *deáw* ist m. und n., s. Bosw.-Toller 198ª; *seáw* gewöhnlich n. (L. Aelfr. 2, 50. Ld. 1, 196. 2, 22. 278), einmal finde ich *sē seáw* Ld. 2, 18. Zu beachten ist dabei die altertümliche form *seá* in den Bedaglossen O. E. T. 182, 83. Weiter gehört hierher *ancleów* n. knöchel (pl. *þá andcleów* Aelfr. gr. 273, 4) und die neutralen bildungen mit *ʒe-, ʒeheáw* hauen Grein I, 412, *ʒehreów* reue ib. I, 413, *ʒehlów* mugitus Aelfr. gr. 4, 15. Undeutlich ist mir *hów* C. D. 5, 243, *ðæt wæstmæste hów* 5, 84. Zu anm. 2 beachte den gen. pl. *hrá* funerum in den Bedaglossen, O. E. T. 180, 22. Die formen mit *ea* sind wol nach dem oben s. 198 f. zu § 35 bemerkten zu erklären; sonst vgl. die bemerkung von Kluge, Anglia, anz. V, 85 (zur bestätigung von Kluge's vermutung über das ursprünglich neutrᵃᵍe geschlecht von *hláw, hléw* kann ich *ðæt hléw* aus C. D. 3, 223 beibringen). — Zu anm. 3 vgl. die ausführungen oben s. 202 ff.

§ 252, anm. 2. Gen. auf *-es* stellen sich auch allmählich im späten ws. ein: *Anʒelþeódes* Beda 254, *sorʒes* Boeth. 18. *Leófláedes* C. D. 4, 136, *helpes* L. Cnut. 2, 69 (s. 179). Inst. pol. 11 (s. 429); dazu die anderwärts bereits citierten *ǽs, sǽs, eás, cús*.

§ 253. In den späteren texten erscheint vielfach das nominativ *-u* verallgemeinert, sodass diese wörter im sing. indeclinabel werden: *racu* gen. Haupt gl. 410ª, dat. ib. 480ª. Aelfr. V. T. 5, 42, acc. Aelfr. V. T. 3, 19, *saʒu* acc. ib. 16, 12, *fótswaðu* acc. Ld. 1, 318, *talu* acc. C. D. 4, 53 (3), *denu* dat. C. D. 6, 56, acc. C. D. 3, 409. 6, 56, *tufu* acc. Poen. Ecgb. IV, 64, of Penitents 17; *mynecenu* acc. Laws s. 408 (30); mit dem spätern *a* statt *u tuca* dat. acc. C. D. 3, 343. An zugehörigkeit zur *u*-declination ist gewis nicht zu denken (Kluge, Beitr. VIII, 508).

§ 254. Hier ist das contrahierte **brú* anzuführen, Grein 1, 144. Bosw.-Toller 128ª; dat. pl. *oferbruum* Ld. 1, LXX (= O. E. T. 172, 33). LXXIV, *bruum* Ld. 1, LXX (= O. E. T. 173, 38). LXXIV.

§ 255. Hierher gehört die erwähnung von *snearh* (?, nom. unbelegt in dieser form, nur *sner* Reiml. 25, aber *snearh* nach ahd. *snaraha* wol sicher), gen. *sneare*, und *leáh*, gen. etc. *leá* (sehr oft in ortsnamen in C. D.; später nach art der wörter mit *ʒ*, auslautend *h* [§ 214, 1] gewöhnlich gen. dat. acc. *leáʒe*,

ausserdem auch oft später *leú* m.: *ðone leá* C. D. 3, 422. 430.
431. *leá* 5, 173; gen. *ðæs leás* C. D. 3, 124 (2). 421, *leás* 5, 173;
dat. *ðám leú* C. D. 3, 121 (2). 422, pl. *ðá trezen leás* C. D. 3,
422; auch mit *z* (s. unten zu § 294), gen. *rúwan lèzes zcle* C.
D. 6, 182, dat. *of bitunliézc* C. D. 6, 153. Aber *earh* pfeil, das
man nach altn. *ǫr* vermuten könnte, ist neutrum (Andr. 1333,
earh ǽttre zemǽt acc. sing.); als fem. begegnet das wort nur
in schwacher flexion, dat. sg. *mid arwan* sagittâ Poen. Ecgb.
IV, 28, acc. pl. *arwan* catapultas Haupt gl. 505ᵇ (*mid arewan*
Chron. 1083, Earle s. 217, 19 ist dat. plur.).

§ 255, anm. 3 füge hinzu *hirnitu* Erf. 275 = *hurnitu* Corp.
603, acc. pl. *hyrnytta* Ex. 23, 28; später lautet der nom. *hyrnet*
Aelfr. gl. 596 Q.Somn. neben *beíwhyrnette* ib. und Aelfr.gr. 307, 13.
Ebenso tritt, worauf mich herr Platt aufmerksam macht, auch
ylfetu (älteste form *ælbitu* Ep. 718, Corp. 30. 1439. *elfetu* Mone
Q. P. 314, 5) später in die schwache declination über, *ylfet(t)e*
Aelfr. gl. 62ᵇ Somn. Gr. 307, 6. Die doppel-*t* lassen es nicht
länger zweifelhaft erscheinen, dass diese wörter wie *lizetu* zur
jū-declination gehören. Das letztere wort ist gewöhnlich
neutrum, nom. *lizet* (nicht *lizete*, vgl. oben s. 234), seltener
fem., nom. sg. *lèzitu* Vesp. Ps. s. 196, 19, nom. acc. pl. *lèzite*
ib. 17, 15. 96, 4. 134, 7. s. 197, 33, *lizette* acc. sg. Ld. 3, 280
(der pl. *lizetta* Ex. 9, 23. 19, 16. Ld. 2, 290 ist zweifelhaft, da
das *u* auch neutrales *u* vertreten kann).

§ 257. Für *bend* wäre besser ein anderes paradigma ge-
wählt, da dieses wort häufiger m. als f. ist. Vielleicht lässt
sich ein dialektischer unterschied constatieren: in C. P. finde
ich das wort nur als m., 123, 14. 205, 12. 433, 36, im Beda
dagegen neben *sē bend* 370 den pl. *benda* 317, *bende* 318, im
Vesp. Ps. 3mal *bende* 106, 14. 115, 16. Hymn. 190, 25. Danach
könnte das fem. wesentlich anglisch gewesen sein, vgl. unten
zu § 394.

§ 258 füge die. bildungen auf -*es*, gen. -*esse* hinzu, wie
hæztes hexe, *forlezis* ehebrecherin, *Lindis** npr.

Die movierten feminina auf -*en* nehmen in der späteren
sprache bisweilen die endung *u* an: *mynecenu* Poen. Ecgb. 3, 11,
mynecynu ib. 4, 9 (dasselbe als acc. s. 237), *byrððincnu* Germ.
23, 392ᵇ. Auch schwache formen treten auf, *zydenan* gen. dat.

(margin left, near line with "lèzite"): *lizetu* *fsg.* *xss. 186.*

acc. sg. acc. pl. Saints 2, 115. 385. 5, 227. 7, 101 (*zyldenan* hs.), *nefene* neptis Aelfr. gl. 75ᵃ Somn.

Zu den formen von *cneóris* in der anm. stelle noch *cneórisn* Blickl. Gleich danach ist, worauf mich herr Platt aufmerksam macht, *hǽð* zu streichen. Ich hatte das wort auf grund der sehr zweifelhaften stelle Beow. 2212 als fem. angesetzt, in der prosa ist es m., C. D. 3, 264*. 317. 381. 384, oder n., C. D. 3, 302. 392*(2). 5, 13. 212.

Die nominativenduug der kurzsilbigen *ū*-stämme haben *eówu* und *ðeówu* = got. *awi, þiwi* angenommen. Belege für die flexion des ersteren s. unter *eówe, eówu* bei Bosw.-Toller (daraus widerholt von Platt, Engl. stud. VI, 149); ich trage dazu nach, dass auch ein gen. *eówo* in *eówo meoluc* Ld. 2, 188 vorzukommen scheint, wenn hier nicht wie in *eówo humele* humulus femina vielmehr composition anzunehmen ist. Der nom. *þeówu* steht L. Aelfr. 1, 12, in jüngerer form *seó ðeówu* Beda 309, daneben öfter *seó þeówe* Beda 281. 285. 321. 323; diese letztere form ist für den Bedatext wenigstens nicht als schwach aufzufassen, da die obliquen casus hier stets starke flexion zeigen: *þǽre þeówre* gen. 325, dat. 321, *þeówe* nom. pl. 277, *ðeówra* gen. pl. 278 (286?). Hier scheint also geradezu noch die lautgesetzliche entsprechung zu got. *þiwi* vorzuliegen, wenigstens was die endung betrifft (denn die wurzelsilbe ist durch das masc. *þeów* beeinflusst, sie müsste soust umlaut haben). Dass später das wort in die schwache flexion über-tritt, ist nicht zu verwundern.

Ueber 'unorgauische' nominative auf -*nysse* etc. s. Napier, Wulfstan s. 65 zu 36, 12. *smiltnesse ton. hott. p. 10; wildheartness hp. p. 21.*

§ 259. Die flexion der langsilbigen *lǽs* und *mǽd* hat Platt, Anglia VI, 176 f. im wesentlichen richtig dargestellt. Die belege lassen sich häufen, doch füge ich nur einige weitere citate für den nom. hinzu: *lǽs* C. D. 3, 414. 429. 5, 319. 6, 57, *ǽlǽs, rudulǽs* C. D. 6, 214; *mǽd* (*mèd*) C. D. 3, 203. 415. 419. 420. 425. 456. 457. 6, 73. 243. Falsch ist bei Platt die angabe, dass *mǽdwa* C. D. 3, 52. 405 dat. sing. sei, es sind vielmehr acc. pl., sodass *mèda* O. E. T. 438, 14 (so ist das citat zu lesen; ich bemerke dass alle beispiele Platts hier wie sonst in seinen aufsätzen in normalisierter ws. orthographie gegeben sind) das einzige beispiel für die berührung mit der *u*-declination bleibt.

Ebenso wie *lǽs* wiese geht noch ein zweites *lǽs*, das ich
als simplex nur einmal in *blôdes lǽs* 'aderlass' Ld. 2, 302
nachweisen kann; häufiger ist das compositum *blôdlǽs*, für
welches ich folgende formen belegt finde: *blôdlǽs* Ld. 2, 146,
blôdlǽsru Beda 374 (2 mal, -*lǽs* C, = 616, 12. 15 Sm.); dat.
ðǽre *blôdlǽswe* Beda 373 (= 616, 5 Sm., -*lǽse* C), (*þǽre*)
blôdlǽse Ld. 2, 164. 280, *blôdlése* O. E. T. 449, 67; acc. (*þá*)
blôdlǽse Ld. 2, 146. 210, dat. pl. *blôdlǽsum* Ld. 2, 280.

Zu dem dat. pl. *rǽswum* Az. 126 wird in gleicher weise
bei nom. *rǽs* anzusetzen sein.

Wie *sceadu* (wozu die neutrale nebenform *scead*, angl.
scæd, pl. *sceadu* zu beachten) geht auch oft *sinu* (*sionu* ist
wesentlich anglisch); ich füge einige belege an:

 sg. nom. *sino* Ld. 2, 6; *sin*? Ld. 2, 6.
  gen. *sinwe* L. Aclfr. 2, 74; *sine* Gen. 32, 25. 32.
  dat. *sinwe* Ld. 2, 16.
  acc. *sinwé* L. Aelfr. 2, 74. 75.
 pl. nom. acc. *sinwe* Ld. 2, 148. 302 (2). 328 (3), *sinua* Ld. 2, 282, *seonuwa*
    Ld. 3, 18. 50; *sina* Ld. 2, 280. 282, *syna* Ld. 1, 84.
  gen. *sina* Ld. 1, 54. 104. 136. 142 (2). 174. 228. 240. 3, 70, *syna*
    Ld. 1, 136. 190.
  dat. *sinum* Ld. 2, 222. 292.

Vgl. auch die ableitung *sinehtum* Ld. 2, 242.

Zu *zeulwe* begegnet auch acc. pl. *herzeatu* C. D. 3, 315.

§ 260; anm. *eá* gehört ursprünglich nicht hierher, sondern
zu den consonantischen stämmen (skr. *áp*), vgl. den gen. *ié*
Oros. 16, 19, dat. *ié* 15, 11. 13. 15. 24, 36. 48, 11. C. D. 5, 124
(2 mal), *é* Oros. 16, 25 (hängt hiermit auch der wechsel von
eálond und *íglond* zusammen?). Im plural begegnen auch
schwache formen, nom. acc. *eán* Aelfr. T. 25, 19 (Bosw.-Toller).
Ld. 3, 254. Der dat. lautet auch *eáum* Or. 102, 34 L. (*eám* Cott.)
Clǽwu mit *u* trotz der länge des *á* muss neubildung sein
(wie auch wol *sǽzu* sau?), die eigentliche form des nom. sg.
ist *cleá*, *cleó*, vgl. § 112, ebenso dat. pl. *cleám* Ep. Alex. 375
nach Cockayne's lesung (Wülcker liest *cleum*). Kurzes *a* kann
man dem worte nicht gut zuschreiben, da es sonst wol *cleawu
etc. lauten müsste (wie *feáwa*).

§ 261. Als echten vertreter der kurzsilbigen neutra hat Kluge,
Anglia, anz. V, 85 schon *sife* nachgewiesen (die belege sind

þurh smæl sife Ld. 2, 72. 94; auf letztere stelle hat mich auch
herr Platt aufmerksam gemacht; vgl. auch noch *sibi* Corp. 597.
Dazu lässt sich noch einiges weitere stellen: *ðæt ofdele* H,
ofdæle C abhang begegnet in C. P. 283, 15, *þæt ofdæle* auch
Boeth. 84, vgl. auch *ofþælre* Boeth. 82, *ofþælre* C und got.
ibdalja; im north. scheint das wort in die *jo*-klasse übergetreten zu sein, *tô æfdæll* Luc. 19, 37 D, *tô æfdelle* R; ferner
smiton on æzðer zedyre and on þá oferzedyru super utrumque
postem et in superliminaribus Ex. 12, 7; *on þæt ofersleze and
on æzðer zedyre* in superliminari et in utroque poste Ex. 12, 20,
dat. *ofersleze, zedyre* ib. 23 (vgl. auch *foredyre* vestibula Cot.
190). Weiter wahrscheinlich *zemyne* cura (*þysses mynstres
zemyne dyde* Beda 227), *zedyne* lärm (gen. *zedynes* C. P. 245, 6,
instr. *zedyne micle* Räts. 4, 45), *zewile* wille (*hit næfre næs næðer
ne his zewile ne his zeweald* L. Cnut. 2, 76; öfter als *ju*-st. *zewill*
n. s. Grein u. Bosw.-Toller), deren geschlecht freilich nicht feststeht. Uebrigens sind alle diese wörter vermutlich ebenfalls
ursprünglich *is*-stämme. — Auch *ele* kommt einmal, Ld. 2, 234,
als neutrum vor; *spere* aber ist ursprünglich wol *u*-stamm, vgl.
die composita *speru-uuyrt* Ep. 1078, *speoru-liran* O. E. T. 173,
55, oder vertritt hier das *u* die suffixform *-os* eines *-os/es*-
stammes? — Von *ðæt wlæce* 'lauheit' Cura past. 447, 6 möchte
ich nicht ganz bestimmt behaupten, dass es substantivum sei;
aber höchst wahrscheinlich ist diese annahme doch (vgl. den
gegensatz zu *ðone cele* in der vorausgehenden zeile). Grundform dürfte dann auch hier *wlakiz* sein.

§ 263. Unter den beispielen ist *hype* besonders hervorzuheben; nach den compositis *hupbân, hupseax* neben *hyp(e)bân*
möchte man auf ursprünglich consonantischen stammausgang
schliessen, trotz got. *hups*, welches ebenfalls der *i*-declination
folgt. Der übertritt zur *i*-klasse mag vom dual oder plural
hupi, *hupiz* ausgegangen sein. — An weiteren beispielen
für das masc. können angeführt werden *dile* anethum, *ryze*
roggen, *dene* tal, *hefe* gewicht, *heze* hag, *pyle* pfühl (*þone pyle*
Ld. 1, 360), an verbalabstractis *ece* schmerz, *sleze, slæze* schlag,
stæpe schritt (pl. *stæpas, stæpum*, erst spät *stapum*, s. Lye s. v.
stap); *blice* blick (das sichtbarwerden, *bânes blice*), *æt-, onhrine*
berührung, *stice* stich, *stride* schritt (pl. *stridi* Corp. 1510), *swile,
swyle* geschwulst, *oftize* weigerung, *bryce* brauch, *byze* biegung,

cyme ankunft, *dryre* fall, *scyfe* schub, *sype* trunk (zweifelhaft, nur dat. *sype* Grein II, 520).

§ 264. Zu den namen füge noch *Dére, Beornice*; an fremden namen begegnen z. b. noch *Crêce, Perse* neben *Creácas, Perséas*.

§ 266. Weitere sichere beispiele sind *bielʒ* balg, *dǽl* teil, *fyrs* stechginster, engl. furze, *hyll* hügel, *mǽw* möve, *wǽʒ* woge (gen. pl. *wǽʒea* Ps. 92, 5 Grein), *miell* brunnen; an abstractis *bryʒd* schwung (*mid wǽpnes brýde* L. Aelfr. 2, 35), *cierr* wendung, *cierm* klage, *slieht* mord, *stiell* sprung, *wrenc* ränke, *byrst* schaden, *dynt* schlag, *flyht* flug, *tyht* erziehung. — Für *smêc* ist die ws. form *smiéc, smic* einzusetzen (letzteres häufig, z. b. Beda 203. Oros. 71, 34. Gen. 19, 28. Ex. 19, 18. Ld. 1, 142. 3, 274, *smŷc* Ld. 1, 346). Dagegen finde ich neben *rêc* kein *riéc, ric*, obwol *rêcels* und *ricels, rýcels* mit einander abwechseln (das wort scheint ws. nicht so häufig gebraucht zu sein als *smic*).

Gehört hierher auch *ʒǽst*, die in den altws. texten für das spätere und anglische *ʒâst* allein übliche form?

Der weibliche gen. *sǽs* erscheint ausser an der von Platt citierten stelle Deut. 11, 4 noch Oros. 17, 19 (*þǽre reádan sǽs*) und Mc. 5, 1* (*þǽre sǽs mûðan*) belegt. Aber auch für *sǽs ʒrund* Mt. 18, 6, *sǽs swêʒes* Luc. 21, 25 ist weibliches geschlecht anzunehmen, da die sächsische evangelienübersetzung das wort an allen andern stellen nur als fem. gebraucht.

§ 267. Ausser den in den nachträgen bereits beigebrachten *ʒeðyld* (*ðæt ʒeðyld* Cura past. 219, 6, acc. *eal ʒeþyld* Blickl. 123, 30, *eówrum ʒeðylde* Cura past. 213, 13. 218, 24 C. Luc. 21, 19; zu beachten der acc. sg. fem. auf *-e, ʒeðylde* schon Cura past. 217, 2. 18. 219, 10) und *ʒecynd* (*ðæt ʒecynd* Cura past. 411, 29. 31. Boeth. 128, *flǽsclicum ʒecynde* Cura past. 159, 1, *áʒnum ʒecynde* Boeth. 56, pl. *ðriá ʒecynd* Boeth. 132, auch *ʒecynde*, pl. *-u* Grein I, 388, und swf. *sió ʒecyndo* Ld. 2, 222, *missenlicre ʒecyndo* Ld. 2, 162) können von bildungen mit *ʒe-* noch nachgetragen werden *ʒebyrd* (*þissum ʒebyrde* Blickl. 167, 8; auch swf. *ʒebyrdu*, s. die lexica), *ʒenyht* (*þæt-* Boeth. 120, 22); ferner *forwyrd* (*þæt-* Hom. 1, 598, *ðǽm forwyrde* Hom. 1, 112, *forwyrdes* Haupt gl. 426ᵃ) und die plurale *ʒedrihtu* elementa Haupt gl. 462ᵃ, *ʒehyrsto* phalerae Lye, *ʒiftu* nuptiae (wie es

scheint stets so, die form *ʒifta* kann neutral sein), *lyftu* Haupt
gl. 457ᵇ, *wystu* deliciae ib. 480ᵇ, *sammwistu* ib. 445ᵇ. Neben *ʒehyʒd*
ist *oferhyʒd* einzufügen, wofür belege bei Grein zu finden sind.
Ueber einige weitere fälle, in denen *is*-stämme zu grunde zu
liegen scheinen, s. unten zu § 288 ff.

§ 268 f. Ich glaube jetzt auch einige kurzsilbige feminino
i-stämme nachweisen zu können [1).

Es haben nämlich als
solche aller wahrscheinlichkeit nach diejenigen kurzsilbigen
feminina auf -*u* zu gelten, welche *i*-umlaut in der stammsilbe
aufweisen. Sicher haben solchen *denu* tal, *fremu* nutzen, da
altes *e* hier hätte zu *i* werden müssen. Wahrscheinlich haben
i-umlaut auch *-*leʒu* im dat. acc. *ealdor-leʒe* Dan. 139. Guthl.
1234, *feorhleʒe* El. 458. Beow. 280 und *-neru* im dat. acc.
ealdornere Gen. 2512. 2519. Az. 54, *feorhnere* Dan. 339 etc.
(8 belege bei Grein I, 293), insoferne dieselben — unter trennung von *-leʒu* von *laʒu* gesetz — wahrscheinlicher zu *leczean*,
nerian als zu *liczean*, *nesan* zu stellen sind (*þeʒu* in *beáʒ-,*
beór-, fódur-. hrinʒ-, sinc-, wil-, winþeʒu dagegen, zu *þiczean*,
wird mit altem *e* anzusetzen sein). Ueber *bledu* schale, patera,
kann ich aus mangel einer sicheren etymologie nicht entscheiden, doch dünkt mich verwantschaft mit *blæd* nicht unwahr-
scheinlich. Ferner ziehe ich hierher *of ðære wylle on ðá hyle*,
ðonne he ðære hyle upp andlang slædes tô hafocwylle, wo *hyle*
doch kaum etwas anderes als 'hohlung' bedeuten kann.

Soweit nominative hier belegt sind, ist die endung die der
kurzsilbigen *å*-stämme; es hat dieselbe anlehnung stattgefunden
wie bei den ebenfalls ursprünglich kurzsilbigen *awi, *þiwi,
ags. *eówu, ðeówu* und den consonantischen *hnitu, hnutu, studu.
Nur einmal finde ich *seó dene* Beda 417, 9, wozu Smith 630, 3
anm. (nach Bosw.-Toller 200ᵃ) die variante *denu* zu haben
scheint; vielleicht liegt bloss eine falsche lesart vor. [2)

§ 271. Es fehlt *spitu* veru Aelfr. gr. 80, 10. Gl. 61ᵇ Somn.
(das ich nach dem deutschen *spiz* als m. ansetze) und das·

[1) Ueber einige derselben sowie anderes zugehörige hat nach brief-
lichen mitteilungen von mir herr J. Platt bereits in der Anglia VI, 175
ohne meine erlaubnis eine kurze andeutung veröffentlicht.

[2) Nicht hierher gehört *hyfi* alvearia Corp. 133, denn dies ist plural;
der nom. sg. lautet *hyf,* dh. *hýf,* Aelfr. gl. 60ᵃ Somn., dazu regelrecht
dat. *ðære hyfe* Ld. 1, 95, nom. acc. pl. *hýfa* Haupt gl. 405ᵇ.

poetische *breʒo* (*breoʒo*), das nur im nom. voc. acc. vorkommt
(findet ein zusammenhang mit altir. *briugu* 'landwirt' statt?)

§ 273. Den gen. *wintra* aus der Chronik, welchen Platt,
Engl. stud. VI, 149 nachträgt, habe ich selbst schon in der
anm. 2 citiert. Ausser der von Platt für den gen. *hâda* aus } F
dem Beda citierten stelle kommen noch in betracht die gen.
biscophâda brûcende episcopatu functi 233 und *cyninʒes noman*
and hâda well wyrþe 218 (letzteres allerdings zweifelhaft, da
wyrþe auch mit dem instr. verbunden wird, z. b. *biscophâde
wyrþe* s. 254 in demselben satze mit *micles hâdes unwyrþe*,
und *þŷ hâde wyrþe* 259), und die dative *martyrhâdu* 407 und
discipulhâda 459. In der Cura past. lautet der gen. und dat.
stets *hâdes, hâde*, vgl. z. b. 31, 11. 33, 20. 51, 2. 53, 20. 85, 19
und 27, 22. 31, 23. 25. 53, 7. 61, 6 etc. Zu dem gen. *Liccit-
felda* stellt sich das schon von Cosijn, Taalk. Bijdr. II, 272
hervorgehobene *Wihtʒâru byrʒ* Chron. 544 (*Wihtʒâræs byrʒ* ib.
530 sieht mit dem ungewöhnlichen *-æs* ganz wie eine correctur
aus *-ʒâru* aus). Der plural *hearʒa* steht auch Lev. 26, 1. 30;
einen dat. *eôredu* finde ich Ep. Alex. 198; *earda* Boeth. 134;
hærfestu Laws s. 408 (32) mitten zwischen *sumera* und *wintra*
wird kaum als alt heranzuziehen sein, und ebenso zweifelhaft
ist mir *þâm frumsceafta* Aelfr. V. T. 2, 15. — Das neutrale geschlecht der pluralformen von *winter* wird durch stellen wie
tŷn winter full Beda 31, *twâ winter* 290, *hê hæfde XXXIIII.
wintra, þæt fifte healf* 482, erwiesen; ein später nom. acc.
wintras begegnet Germ. 23, 388ᵃ.

Als besonders merkwürdig hebe ich noch hervor die form
aetʒaeru Ep. 440 = Corp. 922 (*aetʒaru* Erf.), *æʒtʒro* Corp. 839
(lies *ætʒero*) mit erhaltung des *u* trotz der länge, wie in dem
bekannten *flôdu* des Runenkästchens und dem namen *olwfwolþu*
auf dem kreuz von Bewcastle (Beitr. V, 110).

Sehr auffällig ist endlich der zweimalige gen. pl. *êsa* zu
ôs ase, in der bekannten formel *êsa ʒescot, ylfa ʒescot* in dem
zauberspruche Ld. 3, 54 = Grimm, Myth. II⁴, 1039 f. (vgl. auch
I, 21). Denn vorausgesetzt dass wir es hier mit einer echt
ags. form, nicht mit einer entlehnung des nord. *êsir* zu tun
haben (und dagegen spricht das *ê* von *êsa*, wenn auch die
zusammenstellung der asen und elben nordischen ursprungs
sein mag), so liegt hierin das einzige bisher bekannt gewordene

X (Beda) s. 542¹⁵ [Lib. 3, 16] þ gelamp on ta lid his bisceophâdes
: Tanner 10, f. 79 hat -hâda ; ms. Corpus (Jf; f. 44 hat auch - hada (des ?ᵍ

beispiel eines regelrecht umgelauteten plurals eines u-stammes, *ése aus *ansiuz, vor (so, ése, ist ohne zweifel anzusetzen, nicht és, wie J. Grimm schreibt).

§ 274. Den von Platt, Engl. stud. VI, 149 angeführten plural *dyre* finde ich im index zu den Blickling homilies nicht; dafür einen dat. sg. *tô þæs carcernes dyru* 237, 18; *foredyre* vestibula Cot. 190 ist wol *ja-* oder *is-*stamm, nicht pl. zu *foraduru*, wie bei Bosw.-Toller angesetzt wird, s. oben s. 241 zu § 261. Ein gen. sing. *dure* erscheint kent. gl. 282, dat. *dure* Rect. 17; ein dat. *hand* L. Aethelr. 3, 1. Germ. 22, 60; *þære cweorna* Shrine 145 (2).

§ 275 streiche *ealu* und *teoru*, s. oben s. 236.

Fela begegnet doch bisweilen in adjectivischer verwendung; das älteste beispiel das mir vorgekommen ist, ist *fela menn* Chron. a. 530 im Parker ms.; vgl. ausserdem noch *fela tdcnu* Ex. 11, 9, *ôðre fela bisceopas* Saints 3, 631, *fela tunnan* 4, 259, *fela ôðre sceoccan* 6, 304, *fela untrume* 7, 291, - *englas* 7, 358, -*goldhordas* 8, 118, - *byrnendu glêdu* 8, 169, - *wlitige cnapan* 8, 200, -*þincg* 11, 311; north. *hû feola hláfas* Mt. 15, 34 Rushw., auch als dativ begegnet es: *ér fela geárum* Ld. 3, 432, *for fela hund geárum* Aelfr. V. T. 10, 21 und mit abhängigem genetiv *æfter hû fela daga* Beda 86 (*mid swá fela scipa* könnte acc. sein). Einmal finde ich auch das wort flectiert, *mid efenfeolum reádum rósum* cum purpureis totidem rosis Haupt gl. 511ª.

Interessant ist es, wie *fela* auf seinen gegensatz *feáwe* eingewirkt hat. Zunächst ist die adjectivische form *feáwe* (neben *feá*) fast ganz durch *feáwa* verdrängt (dies schon Cura past. 3, 17, zahlreiche belege bei Bosw.-Toller), und dies *feáwa* wird dann bisweilen wie *fela* mit einem genetiv verbunden, *feáwa daga* Gen. 29, 20. Job. 2, 12. Saints 3, 430. 10, 171, *feáwa fixa* Mt. 15, 34. Mc. 8, 7, *feáwa wyrhtyna* Mt. 9, 37, oder es steht unflectiert im dativ, *æfter feáwa dagum* Luc. 15, 13; vgl. auch das collective neutrale *ofer feáwa* super pauca Mt. 25, 23.

F§F.4;

§ 276. Hier hätte erwähnt werden sollen, dass für -*an* in den casus obliqui einige texte (ostsächsische?) nicht selten -*on* zeigen; vgl. beispielsweise *lufon* Beda 209. 213, *fémmon* 218, *ondwliton* 307, *gewunon* 480, *fyrdwison* Ep. Alex. 214 u. s. w. — Besonders häufig ist diese endung in dem pl. *eástron* ostern,

woneben auch schon eine verkürzte form *eástro* Mt. 26, 2. 1S,
eástre Luc. 22, 1 begegnet.

Im gen. pl. erscheint eine starke form in *bœcistra* Gen. 40,
16. 29. 41, 10; vereinzelt spät *-enan* statt *-ena*, *ézenan* Ld. 1, 72 O,
má heofenan Ld. 3, 232 (für *heofenenan, wie *teóna* Haupt gl.
506ᵇ für *teónena*); vgl. auch *þára céʔzenn* L. Cnut 2, 77 s. 180;
ðára hálzena eástran Beda 118; *éʔlcra liman* Ld. 2, 314 (zu dem
stf. *limu* glied, dat. *éʔlcre lime* Ld. 2, 28S, acc. pl. *leome*
Ld. 3, 20).

§ 277. Beachte *hiwan*, *hizan* wegen des unregelmässigen
gen. pl. *hína* (oben s. 204). Zu den contrahierten füge noch
zefá feind, *sceó bein (*scia* crus Erf. 299 = Corp. 602, north.
pl. *sciu* Joh. 19, 31. 32. 33 D, *scia* resp. *sciœ* R; zur contraction
s. oben 199), *ðreá* drohung (*ðone ðreán* Cura past. 203, 1, *miclum
ðreán* 205, 23, gewöhnlich stf.) und — worauf mich herr Platt
aufmerksam macht — *rá* reh, welches ich § 278, anm. falsch
als fem. angesetzt hatte. Das männliche geschlecht ergibt sich
aus dem nom. *ráha* Corp. 403 und der gegenüberstellung *rán
-réʔzean* Ld. 1, 166. Aelfr. Coll. (*réʔze* ist das fem. zu *rá*); auch in
heorta and rána Beda 24 war kein anlass zum gebrauch eines
femininums gegeben. Ob *fleá* floh (neben *fleáh*) m. oder f. ist,
geht aus den belegten stellen nicht hervor; ebenso ist mir das
geschlecht von *cian* brancie Ep. 158 unbekannt.

§ 278. Neben *reó* (dat. *ánre reón* L. Aelfr. 2, 42) steht auch
reówe Cot. 126, *reówu* tapeta Cot. 174, *reówran* acc. pl. Beda 361,
linnenne rúwan C. D. 6, 133; zu *seó* beachte den dat. pl. *seóum*
Ld. 1, ᴌxxiv; *slá* ist wol zu streichen, ich finde nur *sió sláh* Ld.
2, 32, *án sláh* 2, 54, *onwœre sláh* acc. sg. 2, 32, danach gehört
das wort zur starken declination (man sollte allerdings an der
zuletzt angeführten stelle *slá*, oder wenn das *h* für *z* stünde,
sláze erwarten). Dafür ist *ceó* krähe, hinzuzufügen; dass dies
wort schwach flectiert, zeigt der noch uncontrahierte nom.
chyae Ep. 240 = *ciae* Erf.

Auf die kurzsilbigen schwachen feminina welche ihren
nominativ aus der *á*-declination entlehnen, hat J. Platt, Anglia
VI, 175 f. aufmerksam gemacht. Die zahl derselben lässt sich
noch vermehren: *cinu* spalte Wright 1, 85. Hom. 2, 154, acc.

cinan Boeth. 158, pl. *cynan* Beda 278; *hosu* hose, nom. *hosa*
Wright 1, 58 (vgl. das compositum *hosebendas* Haupt gl. 517);
peru birne, Aelfr. gr. 20, 16, pl. *peran* Ld. 2, 176. 180; *swiopu*
geissel, nom. *swypu* Germ. 23, 398ᵇ, *swipa* (mit spätem *a*) Wright
1, 21, acc. *swipan* Joh. 2, 12, *sweopan* Sal. 109, pl. *sweopan* Sal. 121
(Grein II, 516). Auch *handsporu* Beow. 986 gehört wol als
swf. hierher, vgl. gen. *hêlspuran mînre* Vcsp. Ps. 48, 6. acc. sg.
hêlspuran mîne 55, 7.

Nicht alle kurzsilbigen schwachen feminina nehmen in-
dessen dies *u* im nominativ an: nom. *myre* equa Aelfr. gr. 309, 6,
merae Erf. 558, *maere* Corp. 1111, *maerae* Leid. gl. 229; *cwice*
Bosw.-Toller 179ᵇ (*quicae* Erf. 464. Ep. 1088 = *quice*, *quicae*
Corp. 989. 2130), *ceole* kehle Ld. 2, 48, *cwene* frau, Iust. Pol.
23ᵇ s. 438. Räts. 73, 1 (gen. pl. *cwenna brôc* C. D. 6, 215 neben
cwenena brôc C. D. 3, 429 und *cwenan brôc* C. D. 6, 218), *piose*
erbse, *pyse* Mone QF 321, 443, *pise* Cot. 81. 121. Auch *hune*,
cliðe, *clife* haben wahrscheinlich kurzen vocal; für den nom.
von *lonan*, *lanan* (gen. dat. acc. z. b. C. D. 3, 33. 464. 5, 345.
6, 116. 216) finde ich keinen beleg; doch ist vielleicht nach
den starken nebenformen *ðâ lane*, *of lane* C. D. 4, 31 am ehesten
an *lonu* zu denken.

Falsch ist was Platt a. a. o. über die flexion von *lufu* bemerkt, auf welches wort ich ihn hingewiesen hatte. Starke
flexion ist bei diesem worte mindestens ebenso gewöhnlich als
schwache, ja sie überwiegt in der älteren zeit durchaus. Aus
der Cura past. habe ich mir z. b. 10 belege für starke gegen
5 belege für schwache flexion notiert, freilich ohne damals auf
statistische sammlung der belege auszugehen; doch werden
jene zahlen wenigstens dem durchschnittsverhältnis für die
Cura past. nahe kommen. In Skeat's Saints, die ich mit rück-
sicht auf diese frage speciell gelesen, finde ich nom. *lufu* 1, 38.
92, 168. 7, 42, dat. *lufe* 2, 240. 4, 15. 18. 68. 5, 16. 398. 6, 36. 342.
7, 41. 105. 294. 352, acc. *lufe* 3, 363. 7, 323. 8, 187. 11, 59 (dazu
dat. *miclū lufe* 6, 62) und nur einmal den dat. *lufan* 1, 166. Dagegen in Beda nom. *lufu* 82. 92. 349. 440, obl. *lufan* 74. 82. 84.
86. 110. 149. 150. 166. 205. 211. 249. 261. 264. 266 ohne ausnahme. Der index zu Blickl. gibt 5 *lufu*, 4 *lufe* und 28 *lufan*,
-on. Es handelt sich hiernach offenbar um einen dialektischen unterschied, und zwar möchte ich vermuten, dass die

17*

schwache flexion vorzugsweise im osten die gebräuchlichere
gewesen sei. [1])

Man darf sich ferner nicht durch Platt verleiten lassen zu
glauben, es handele sich bei diesen nominativen auf -*u* um
eine sehr altertümliche bildung. Die ältesten glossen zeigen
noch kein beispiel davon, vielmehr hat Ep. *nebordrotue* 303
(*eoburthrote* Corp. 558), *eborthrotae* 927 (*eborðrote* Corp. 1816),
aescthrotae 450 (*aescðrote* Corp. 861), *uualhmorae* 794 (*walhmore*
Corp. 1502), und diese composita wenigstens gehen auch in
den Ld. noch ziemlich häufig auf *-e* aus. Vor allem beweisend
ist aber, dass auch bei zwei hierhergehörigen einfachen wörtern
der Vesp. Ps. noch den nom. auf *-e* hat, nämlich *lufe* Hymn.
202, 7 und *hraece* 5, 11, *hraecae* 13, 3, und so würde es auch
wol noch bei anderen wörtern dieser gruppe sein, wenn beispiele davon in den älteren texten vorkämen. Es ist ja auch
leicht ersichtlich, dass die einwirkung der kurzsilbigen starken
feminina auf die schwachen zufolge der starken flexionsver-
schiedenheit in den obliquen casus eine schwächere sein musste,
als die der kurzsilbigen *ā*-feminina auf die kurzsilbigen *i*-, *ia*-
und consonautischen stämme, auf deren angleichung an die
ā-stämme ich bei Platt a. a. o. hingewiesen habe.

§ 280. Ueber *ûhte* swu.? s. oben 216. — Herr Platt macht
mich darauf aufmerksam, dass *wonze* in meinem verzeichnis
fehle. In der tat finden sich von diesem worte noch schwache
formen, aber sie kreuzen sich stark mit solchen die von dem
stn. *wenze* = altn. *vengi* abgeleitet oder aus beiden bildungen
gemischt sind. Ich habe mir folgende belege notiert:

sing. nom. acc. *þæt wonze* Ld. 2, 388. *þunwange* Mone QF. 316, 165;
þæt wænze Ld. 2, 20, *þæt wenze* Ld. 2, 20, *ðin swyðre*
wenze acc. Mt. 5, 39, *þin zewenze* acc. Luc. 6, 29.
þunwencze Aelfr. gr. 59, 5. Wright I, 70.

dat. *ðunnwenzan* Ld. 1, LXX = O. E. T. 172, 31.

plur. nom. acc. *þá wonzan* Sal. 95, *ðunwonzan* Ld. 1, LXXIV, 5. 2, 306,
þunwanzan Ld. 2, 20. 306; *þá þunwonze* Ld. 2, 334.
þunwonze timpora Wright I, 282; *ðá þunwonza* Ld.

---

[1]) Nach gut. *brûþralubô* ist es wahrscheinlich, dass die schwache
flexion bei diesem worte die ursprüngliche und die starke erst von dem
neugebildeten nom. *lufu* ausgegangen ist.

F *Gen.Plur. punwengena (stemporum).Agb-.B.37;*

1, 211. 216. 236 (hier ᵭunwonȝan H); *punwenȝan*
Judic. 4, 21.
F   dat. ᵭunwenȝum Vesp. Ps. 131, 5.

Auf einem versehen beruht es, wenn Kluge, Anglia, anz.
V, 82 *ȝepeóde* als swn. bezeichnet. Ich kenne dasselbe nur in
starker flexion, und auch Bosw.-Toller, auf welche sich Kluge
beruft, haben nur starke formen.

§ 282, anm. 1. Die vermutung von Platt, Anglia VI, 175
über die dative der mit -*mon* zusammengesetzten namen ist
richtig; *after Colemanne* Beda 240, *Gearomonne* ib. 261. Die
namen sind zwar wol beide keltisch, aber doch offenbar wie
germanische wörter flectiert. — Der plur. *fótas* begegnet schon
in dem alten martyrologium O. E. T. 178, 23; der dat. *tóðe*
Mt. 5, 28 Durh., gen. pl. *tóðana* ib. Mt. 13, 50. Luc. 13, 28.

§ 283 f. Zu den kurzsilbigen consonantischen stämmen,
die im nom. (acc.) sing. das *u* der *ŏ*-declination annehmen,
gehört ausser dem von Kluge, Beitr. VIII, 508 beigebrachten
hnutu und dem von Platt, Engl. studien VI, 175 erwähnten
studu = altn. *stoð*, pl. *stoðr* auch wol *hnitu* lens (schon Ep.
590, pl. *hnite* Ld. 1, 364) = altn. *gnit*, pl. *gnitr*, neuisl. *nitr*.
Weitere belege zu *hnutu* (gen. sg. *hnute*, gen. pl. *hnuta*,
hnutena, dat. *hnutum*) s. bei Bosw.-Toller 255ᵇ. 348ᵃ; an compositis trage ich die ortsnamen *hnutfen* C. D. 5, 126, *hnuttnîc* C.
D. 5, 221 nach. — *Studu* scheint fast nur im Beda vorzukommen: nom. *seó studu* 188. 205, *seó wræðstudu* 205 (2 mal, C
liest beidemal *stupu*); acc. *úne studu* 188 (C *stupu*), *ŏd-* 205*;
dat. *ŏére stude* 205, *þére styde* 205* und *ŏére studa* 204 (die
besternten stellen schon von Platt citiert, welcher den dat.
stude, studa und den interessanten grammatischen wechsel
zwischen *studu* und *stupu* unberücksichtigt lässt, obwol sämt-
liche formen schon bei Lye belegt sind). Ein wechsel des
wurzelvocals zwischen *u* und *o* würde ausserdem zu constatieren sein, wenn die lesung *stoðe* postes kent. gl. 282 sicher
wäre (s. Zupitza zur stelle); vgl. auch *duru stod* ostii postis
Cot. 157 Lye.
Zu den langsilbigen trage ich nach *dunȝ = ahd. *tung*,
nur im dativ *þére dimman dinȝ* Andr. 1272 belegt, und *furh*
furche. Auch *furh* föhre? vgl. *furhwudu* pinus Corp. 1590?
In den ortsbestimmungen der urkunden, in denen das wort

furh besonders häufig vorkommt, könnte manchmal der baum gemeint sein; aber man muss sich hüten in fällen wie *on ðá ealdan firh* C. D. 3, 97, *ðâ ealdan furh* C. D. 3, 238, *tô ðæra grênan furh* C. D. 6, 31 ohne weiteres an 'föhre' zu denken; vgl. *swâ swâ seó ealde furh rýct up tô ðæm stânenan stapole* C. D. 3, 418, wo nur 'furche' gemeint sein kann.

Eine reihe besonderer kleiner unregelmässigkeiten — darunter sind besonders die dative ohne umlaut hervorzuheben — ergibt sich aus den folgenden belegen, mit deren zusammenstellung ich vielleicht dem einen oder andern einen dienst erweise.[1]

ác: gen. *áce* Ld. 2, 98, dat. *ǽc* C. D. 3, 14. 78 (3). 79 (3). 80 (2). 229. 391. 412. 449. 5, 40; *ác* C. D. 3, 121. 379. 380. 389. 449. 4, 72, acc. *ác* C. D. 3, 78. 79. 81. 121. 229. 379. 380, *ǽc* C. D. 3, 81; pl. *ǽc* C. D. 3, 176. 456, *ǽcc* C. D. 3, 382. 5, 221; *ácas* masc. als runenname Räts. 13, 10; gen. *ácana* C. D. 3, 382, dat. *ácum* C. D. 3, 456, *ácon* C. D. 3, 342.

bóc: gen. *béc* Cura past. 25, 11. Aelfr. Praef. Gen. s. 22, 6, *bocc* Vesp. Ps. 39, 8; dat. pl. *boccum* urk. a. 837 in O. E. T. 450, 19.

burg: dat. *burh* Blickl. 197, 28, *ðære corðburh*, -*ʒ* C. D. 3, 411. 414; — *þæt bóc* Luc. 4, 20 Lind.

cú: gen. *cuus* L. Inc 59, *cúc* Ld. 2, 98, *cú* Rect. 13. Ld. 2, 40. 98. 108. 218. 292. 318, *cúu* L. Inc 59; dat. *cý* Ld. 3, 24; pl. *cý* Gen. 33, 13. C. D. 1, 235. 310. 3, 255. 6, 132. Blickl. gl., *cýe* Vesp. Ps. 67, 31, gen. *cúna* Gen. 32, 15. C. D. 4, 10. 264, north. *cýna* Luc. 14, 19 Rushw.; dat. *cuum* Ps. Lamb. 67, 31.

ðrúh: nom. *ðrúh* Beda 288. 308 (2), *seó þrýh* Beda 288. 388 B; acc. *ðrúh* Beda 305 (3). 306. Saints 7, 289, *þurh* Beda 306. 308, *þrýh* Beda 288; gen. *þrýh* Beda 288; dat. *þrýh* Beda 288. Saints 8, 198. 202. C. D. 3, 60, *þrih* Haupt gl. 480b, *þrúh* Beda 288 (*þrýh* B); plur. dat. *wæterðrùm* Corp. 372.

eá: s. oben s. 240.

furh: nom. *seó forʒ* C. D. 5, 71, gen. *fyrh* C. D. 3, 10 (2). 313. 414. 437. 4, 19. 5, 112; *furh* C. D. 3, 10 (2). 38. 367. 5, 153; *fure* C. D. 3, 436; dat. *fyrh* C. D. 3, 422, *ferh* 3, 162, *furh* 3, 238. 414; acc. *furh* Ld. 1, 404 (2). C. D. 3, 162. 4, 19. 5, 71; plur. gen. *fura* C. D. 3, 15. 37. 436 (2). 4, 74. 6, 2. 8, *furena* C. D. 6, 220; dat. *furum* Boeth. 10, *furan* C. D. 3, 15. 6, 2.

gát: gen. *ʒáte* Ld. 1, 79. 350. 348. 352. 2, 32. 40. 68. 72. 86. 100*. 122. 130. 146. 188. 202. 228. 234. 244. 250 etc.; dat. *ʒæt* Ld. 1, 352; pl. *ʒét* Ld. 3, 206. 214.

---

[1] Besternte stellen nach Platt, Engl. stud. VI, 149 soweit dessen citate nicht schon in den lexicis stehen.

gôs: gen. *zôse* Ld. 1, 116. 2, 40*. 46. 76. 92*. 96. 176. 194. 196. 244. 282. 336. 3, 76. C. D. 3, 215 (2).

grôt: acc. *zrôt* Ld. 2, 68. 74. 100. 114. 132. 3, 42 (danach mit *ô* anzusetzen, da sonst *zrutu, *zrute zu erwarten); dat. *zrŷt* Ld. 3, 28: *zrôt* Ld. 2, 342; plur. gen. *zrôta* urk. a. 835 O. E. T. 448, 30. Der plural *zrytta* (Aelfr. gr. 316, 16. Ld. 2, 220. 250, dat. *zryttum* Ld. 2, 206) gehört wol zu einem sing. *zrytt, vgl. *beren(e) zrytte* acc. sing. (?) Ld. 2, 200 und eugl. *grout* neben *grit*.

lûs: nom. acc. pl. *lŷs* Ld. 3, 54 (2), gen. *lûsa* 3, 50, dat. *lûsum* Ld. 2, 302. 3, 50.

mûs: gen. *mûse* Ld. 3, 322, *hreapemûse* 2, 236; acc. *mûs* Boeth. 52; pl. nom. acc. *mŷs* Ep. Alex. 342. 345. 367. Boeth. 52.

neaht: gen. *nachte* schon Vesp. Ps. 135, 9. Hymn. 202, 1, dat. *nehte* ebenda 18, 3; north. *middum næht* Mt. 14, 25. Mc. 13, 35.

sulh: nom. *sul* Aelfr. gr. 109, 17, dat. *sylz* Cura past. 403, 2 (grammatischer wechsel oder *z* für *h*?), *syl* Wr. I, 2; acc. *suluh* Luc. 9, 62 Rushw., *sulh* Luc. 9, 62. Or. 49, 38. Ld. 1, 401; plur. nom. acc. *sylh* Beda 402, gen. *sula* Boeth. 94. *dat.sg. sul xss.186;*

turf: dat. *tyrf* Beda 391. Ld. 1, 290; acc. *turf* Beda 241. 441. Ld. 1, 400; pl. nom. acc. *tyrf* Ld. 1, 398, *turf* ib. *Burv. 410 (dat.) m.mine adeltyrf*

Dass einige ortsnamen sich dieser declinationsclasse anschliessen, hat Platt, Anglia VI, 174 f. gezeigt. Die beobachtung lässt sich aber dahin verallgemeinern, dass fremde ortsnamen in der regel unflectiert bleiben, insbesondere im dat. keine endung annehmen. So lassen sich aus dem Beda noch anführen *æt Gefrin* 146, *on Municep ðǽre byriz* (in oppidi municipio!) 162, *fram Cetriht worpize* 198, *ðǽm mynstre Aebbercurniz* 346, *in, on, tô Mailrôs, -rôs* 350. 401. 412 und vielleicht noch einiges andere von zweifelhafterer natur. Reiche ausbeute gewährt der Codex diplomaticus. Ich habe aus bd. III—VI (die beiden ersten bände sind mir nicht zur hand) z. b. notiert: *æt Beferluc* 6, 203, *of, in tô, ondlonz Kærent* 3, 399, *æt Carcel* 5, 333, *on Landcawet* 3, 450, *æt, of andlanz Cendefer* 4, 279. 5, 40. 86. 356, *æt Chyw* 4, 196, *ofer, by, of, on Cern* 3, 412. 5, 45. 398, *æt Cœrnel* 6, 155, *fram, æt Cinnuc* 6, 131. 132 (2), *æt Clift* 4, 274, *to Cnuzel* 3, 451, *Culliz* dat. 6, 153, *æt Deccet* 3, 292, *in, on, andlanz Doferic* 6, 177. 222, *tô, andlanz Doferlan* 5, 267, *onlonz, inn on Foss* 6, 215. 218, *on Gearnec* 3, 393. 463, *andlanz, of, on Giht* 6, 112. 113, *tô, andlanz Glim* 6, 3, *æt Gyssic* 3, 360, *æt Hymed* 6, 211, *tô, andlanz Linor* 5, 394, *tô mycle Memerinn* 3, 236, *ðǽre cû, of Nen* 4, 287, *tô, in, of Plesc* 6, 60, *betwux Ribbel* ... 6, 147, *on, andlanz Tresel* 3, 215, *on, andlanz Tyrl* 3, 385, *on, of Ummaniz* 6, 56, *on Weluzun* 6, 212, *æt, in tô, andlanz Wiliz* 3, 414. 415 (2). 418. 419. 5, 150. 333 (2); aber *andlanz Wilizes* 3, 418, *æt Wimbisc* 4, 116; so auch bei einer reihe von namen auf *-inʒ*, deren abkunft mir zweifelhaft ist: *æt Badalacinʒ* 6, 62, *æt Clæfrinʒ* 6, 212, *on Clætinc* 6, 36, *tó Gainʒ* 6, 8, *on Gæinʒ bróc* 6, 8, *on, andlanʒ Lacinʒ* 6, 28, *on, of Lulinʒ* 6, 58, *on, up of Mydelinʒ* 6, 28, *on Wanelinʒ* 6, 28. 86, *on ealdan Wænelinʒ* 6, 86, *andlanʒ, tó Wanelinʒ* 6, 28. 131; vgl. auch *be cumbe inʒ* 3, 412. 5, 45, *andlanʒ streámes inʒ* 3, 412. 5, 45 (welsch *ing* 'enge'?). Ebenso in der Chronik, aus der ich beispielsweise heraushebe *on Port* dat. a. 837, *tó Gend* 880 s. 82, *up on Scald tó Cundop* 883, *æt París* 887 s. 84. 86, *be eástan Rin* 887 s. 86, *be eástan Wæced* 918 s. 104.

Ja selbst auf einheimische namen erstreckt sich die neigung die flexion abzustreifen. Unzählige male begegnet in den jüngeren urkunden z. b. *ðá, ðére strǽt* u. dgl. Von eigentlichen ortsnamen habe ich (ohne übrigens für diesen zweck speciell zu sammeln, sonst würden die belege viel zahlreicher sein) z. b. aus der Chronik angemerkt *æt Ascanmynster* 755, s. 50, *in tó Escanceaster* 876 (*-stre* 877), *Exanceaster* acc. s. 93, *Ligoraceaster* acc. 942; aus dem Cod. dipl. *æt Cildanspic* 3, 283, *æt Wynnefeld* 3, 333, *æt Manneðorp* 4, 288, *æt Folcstán* 6, 190, *æt Cunintún* 6, 192, *of Ciddesbeara, of Súðbeara* 6, 182.

§ 285. *fæder* synkopiert das *e* in den mehrsilbigen formen auch im altws.: *fædras* C. P. 109, 4 C. 190, 4 C. 253, 25. 255, 6. 10, *fædru* 76, 19 C, *heáhfædru* 76, 16 C neben *fæderas* 109, 4. 191, 4 H. 252, 35 C, *federu* 77, 19 H, *heáhfædera* 77, 16 H.

§ 285. Vereinzelt findet sich auch spätw. im gen. sing. umlaut der feminina: *dehter* Beda 131 C. Saints 3, 389, *méder* Beda 446. Saints 4, 313. 5, 45, *steópméder* Beda 84; dative ohne umlaut *þinum bróþer* Poen. Ecgb. 2, 27, *dohter* Saints 3, 393 O, *ʒoddohtor* C. D. 6, 149.

§ 286. Zu *feónd, freónd* sind die pl. tantum *ʒefiénd, ʒefriénd* nachzutragen; *feóndas, freóndas* kommen ausser north. wol nur in der poesie vor: *feóndas* Dan. 345. Az. 160. Kreuz 30. 33. 38 und oft in den Psalmen bei Grein, *ealdfeóndas* Guthl. 189, *freóndas* Kreuz 76 und wider Ps. 87, 8 Grein. In den Psalmen mag eine sächs. neubildung vorliegen, an den übrigen stellen sind wahrscheinlich formen north. originale stehen geblieben. Die umgelauteten dative sing. erscheinen z. t. noch ziemlich spät: *fiénd* Cura past. 433, 17, *friénd* L. Aelfr. 1, 28. Cura past.

165, 25. 193, 18. 325, 1, *frÿnd* Oros. 81, 29. Ex. 11, 2, *friónd* ?
C. D. 5, 120.

Von den mehrsilbigen finden sich plurale auf -*as* schon
bei Aelfred: *waldendas* Cura past. 115, 24. 121, 3, *wealdendas*
Boeth. 14, *wealdandas* Boeth. 44. 52, *lufiendas* Boeth. 98. 118,
æfterfyligendas Beda 11.
In späten texten erscheint eine sonderbare neubildung auf
-*dras*, an den gen. pl. angeschlossen: *wircendras* Aelfr. N. T.
14, 37, *wealdendras*, *reáfgendras*, *bewcriendras* C. D. 3, 350,
déalnimendras Haupt gl. 451ª, *lárhlestendrus* 473ᵇ, *belifendreás*
484ᵘ, *forsawendrum* 528ᵇ, dazu die endung *dras* allein 452ᵇ.
506ᵘ (2 mal). 507ª.

Als femininum gehört ursprünglich hierher *swelgend* strudel,
auf dessen geschlechtswechsel Platt, Anglia VI, 179 aufmerksam
gemacht hat. Ich habe folgende belege für die flexion aufge-
zeichnet: nom. *sió swelgend* Cura past. 439, 3. Boeth. 22, *dæt*
swelgend C. D. 3, 460. 5, 394; dat. *dære swelgende* C. D. 5, 281
(2), *dám swelgende* C. D. 5, 376, ohne artikel 3, 227, acc. *dá*
swelgende C. D. 6, 94. Das wort ist also schon ganz in die
starke declination übergegangen. Bildungen wie *þes and þeós*
wealdend Aelfr. gr. 39, 12, *þes and þeós feónd* 153, 13 wird man
kaum für volkstümlich ansehen dürfen.

§ 288 ff. Zu den *os*-stämmen habe ich nach den ergänzungen von Kluge, Anglia, anz. V, 84 f. und den nachträgen
oben s. 240 f. wenig zu bemerken. Zu dem gewöhnlichen wort-
vorrat merke ich an die compositionsform *ǽger*- für *ǽg* in
ǽgerfelma Ld. 2, 54, *ǽgergelu* Ep. Erf. 429, und umgekehrt
hriðhiorde Corp. 313 neben *hriðer* (diese form ist doch schon
alt, urk. a. 805—31 und 832 bei Sweet O. E. T. 444, 7. 446, 5);
ferner die *r*-losen plurale *lamb* Ex. 29, 38. Luc. 10, 3. Joh. 21,
15. 16, gen. *lamba* C. D. 3, 413. 5, 238, dat. *lambum* C. D. 3, 255,
lamban C. D. 5, 147 und gen. *cealfa* C. D. 3, 416. 5, 78. 138. 174,
cealfon 6, 132 und das männliche *cealfas* Ex. 24, 5. Ps. Th. 49,
10; umlaut im compositum *cylfhongran* C. D. 5, 136.

Unter den sonstigen nachträgen ist am interessantesten
das kurzsilbige *scear* vomer, pl. *sceroro* forfices Ep. Erf. 401 =
scerero Corp. 898, *iserusceruru* Corp. 903. Weiter gehört hierher
an *r*-bildungen *wildor* bestia (gen. *wildres*, pl. *wildro*, gen. *wildra*

bei Grein II, 705, dat. *wildrum* Oros. 20, 25; vgl. auch *wildorlice*
Cura past. 109, 23 II neben *wildiorlice* C) zu ahd. *will* Graff I,
804, dat. pl. *uuildiran* Tat. 15, 6 (sollte nicht *wildeor* eine volksetymologische neubildung sein?); ferner *eágor-*, *égor-* neben *ég-*
in compositis, namentlich *eágorstreám* neben *égstreám* Grein
I, 233.

Spuren von *r*-flexion im plural zeigen *dahorn* (Vesp. Ps.
gen. pl. *anhyrn(e)ra* und *anhyrna* 77, 69, s. Zeuner s. 56, anm.)
und *speld*, welches Lye aus Cot. 178. 193 belegt; dazu *spá·ca
þára speldra* malleoli Cot. 128. Auch zu *mid III. mædrum
eúloð* Ld. 3, 28 ist vielleicht ebenfalls ein sing. *méd* zu vermuten.

Gehört hierher auch *leower* pernas, glieder, in den alten
Loricaglossen Ld. 1, LXIX, 3 = O. E. T. 172, 10? Das jüngere
Harl. ms. liest *lewera* Ld. 1, LXXIII, 31. Cockayne ib. 3, 366ᵃ
vergleicht *levr* gena Rit. 4, 1, aber das ist ja = *hleór*.
Entspricht dem altn. *hœns* vielleicht *hens-* in dem dativ
hensbróce C. D. 3, 379 (2 mal)? Ein freilich eher begreifliches
zóse bróc kommt C. D. 3, 215 vor. Als *s*-bildung liesse sich
thrústfel vitiligo Ep. Erf. 139 = Corp. 296, got. *þrútsfill* vergleichen.

Für alte *os*-stämme halte ich ferner *zc/èz* fügung, *zchield*
custodia, observantia (*zchieldum* C. P. 277, 18; Vesp. Ps. 5 mal
zchéld, spätws. *zchyld* s. bei Bosw.-Toller) neben *zcheald* (belege ebenda), *zchlýd* lärm (acc. sg. n. Beda 414), *zeresp* tadel?
(nom. sg., das geschlecht nicht bezeichnet, in L. Aelfr. 2, 32 mit
der var. *zcræf*, d. h. *zcræfs*, zu ahd. *refsen*, an. *refsa*), *zeswinc*
plago (nach dem dat. pl. *zesuincium* C. P. 129, 1. 267, 22. 253,
16); *zeswyrf?* feilspähne (nur gen. *zeswyrfes* Ld. 1, 216 neben
arzesweorf acc. Ld. 2, 80); vielleicht auch *zeweald* nach dem
dat. pl. *zewyldon* Oros. 67, 21. Ferner den pl. *twá zezrynd*
grundstücke C. D. 3, 128. Auch *zchnást* Gen. 2015 neben öfterem *zehnúst* wäre herzuziehen, wenn die stelle in ihrer vereinzelung genügende gewähr leistete. Nicht ganz zweifellos
ist mir das geschlecht von *écyrf* stück, abschnitt (denn in
þára treówa écyrf und láfe forbærnde wéron Beda 221 könnte
écyrf zur not sing. sein) und von *felcyrf* praeputium Cot. 127;
doch halte ich n. für das wahrscheinlichste und stelle deshalb
das wort mit hierher. Ueber *fleáh* albugo s. oben s. 232.

Adjectiva.

§ 291, anm. Hierher gehört eine bemerkung über *won(a)* 'fehlend' und *zewuna* 'gewohnt' welche bei meist nur praedicativem gebrauch gewöhnlich indeclinabel erscheinen, vgl. stellen wie *ðæt him wana wæs* Cura past. 291, 25, *ðu þing þé is wana* Mc. 10, 21. Luc. 18, 22, *né heora martyrhádu wona* (*won* C) *wǽron heofonlicu wundru* Beda 407, *mé synd wana penezas* Aelfr. gr. 202, 13, *on þám þingon ðé hi won* (*wana* B) *hæfdon* - Beda 480 (dagegen flectiert *wonu bið* fem. Vesp. Ps. 22, 1. 33, 10, *wone sie* ntr. ib. 38, 5; attributiv 'entbehrend' *üres wone* Crist 270) oder *zewuna wǽron* Oros. 61, 14. Ex. 5, 18. 19. Chron. 1006 (attributiv *zewune drenceas* Ld. 1, 172). Ueber den gebrauch von *wana* bei zahlausdrücken s. zu § 324.

§ 293, 1. Auch die langsilbigen zeigen im nom. acc. pl. n. spät bisweilen die endung *u* (*a*): *swylcu* Germ. 23, 399^b, *eallu þing* Ld. 3, 432. 436, *weorcu unrihta* Ld. 3, 208.

§ 294, anm. 1. Gelegentlich zeigen sich abweichungen von dem normalen wechsel von *æ* und *a*; *strǽc* (Cura past. 75, 12. 107, 6. 113, 22. 125, 1) scheint immer *æ* zu behalten, *ðá strǽcan* ib. 305, 12, *ðǽm strǽcum* 305, 13, *ðǽm unstrǽcum* 305, 18. 306, 7. 9, *ðá unstrǽcan* 307, 3 (vgl. die nebenform *strec* bei Lye), ist also vielleicht als *strǽc* anzusetzen. Dieselbe frage ist auch bei *hrǽð — hræd* zu erheben, bei dem weiter auch noch der verlust des anlautenden *h* (§ 217 anm.) zu beachten ist: *rǽðe* adv. C. P. 63, 4, *rædlicor* 131, 8, *rædlice* 179, 4 neben *raðe* 167, 13, *raðosð* 209, 21; dazu adj. *hræd* 79, 11. 14, pl. *hrade* 177, 1 (*hræde* C). 281, 17. 19, *ðá hradan* 218, 20 neben *hræðe* 455, 9; adv. *hræðe* 57, 8. 93, 3, *hrǽðor* 411, 5 neben *hraðe* 111, 2. 193, 16 (C beidemal *hræðe*). 225, 22 (*hræde* C). 399, 10. 443, 23 (vgl. auch *hræðost* Boeth. 56, *hræþor* 252). Der Vesp. Ps. hat nur die form *hreð-*, pl. *hreðe* 13, 3, adv. *hreðe* 36, 2. 78, 8. 105, 13, *hreðlice* 6, 11. 36, 2. 44, 2. 68, 18. 101, 3. 142, 7. 147, 15. Das Durhambook hat soviel ich sehe ausser einem *hraðe* Mt. 5, 25 nur *hræðe* Mt. 13, 20. 27, 48. 26, 74. 28, 7. Joh. 11, 29 und *hrǽðe* Joh. 13, 27, dazu comp. *hraður* Joh. 20, 4; Rushw. *hraþe* Mt. 27, 8, *hraðor* Joh. 20, 4, sonst *hræþe* Mt. 4, 30. 5, 25. 13, 5. 27, 8, *hræðe* Mt. 13, 20. 21. 26, 74. Joh. 11, 29, *ræþe* Mt. 14, 31; an *d*-formen finde ich nur *hrædlice*

Mt. 8, 32 Durh. und *hrǽd* Rit. 28, 24. Sollte hier nicht ein alter wechsel *hré͞po* — *hradö* zu grunde liegen? Und kann das fehlen des *h* hier wie bei *hweorfun* mit dem alten accentwechsel im zusammenhang stehen? — *Blæc* schwarz, nimmt in allen obliquen casus *a* an: *blacre* Ld. 2, 242, *blacne* Mt. 5, 36. C. D. 3, 362, *blacra* Crist 897; charakteristisch ist namentlich die stelle *blǽc feax and blacne andwlitan* Beda 149; vgl. auch nom. *blac* Wright I, 46 (Grein); doch north. *blæcne* Mt. 5, 36 Rushw. (*wlacra* Cura past. 447, 7, *wlacre* Ld. 2, 224 mögen durch nom. *wlacu* Cura past. 447, 11. Ld. 1, 196. 2, 40. 62, *wlaco* Cura past. 447, 1. 3. Ld. 2, 40. 192 neben *wlæc* Cura past. 447, 14. Ld. 1, 178. 188. 350. 2, 24 beeinflusst sein). Sonst gehören formen wie *latre* Ld. 2, 238, *smæle* acc. sg. f. Ld. 2, 124, acc. pl. Ld. 1, 274, *smælon* Ld. 1, 124. 290 (vgl. auch adv. *smæle* Ld. 2, 74. 234. 236. 272 etc. neben öfterem *smale*, und comp. *smælor* C. P. 461, 3) zu den ausnahmen.

§ 295. Weitere beispiele sind *fáh* feindlich, *fáh* subdolus, *zemáh* importunus, *tóh* zähe, *anrtóh* geschmückt Dan. 585, *zewlóh* desgl. (*zewlô* acc. sg. f. Gen. 1789), *zefearh* trächtig (von der sau).

Die angabe dass in formen wie *heázum* grammatischer wechsel vorliege, hat Kluge, Anglia, anz. V, 84 mit recht gerügt. Die richtigkeit seiner erklärung — zu der ich inzwischen selbst gelangt war — (dass nämlich eine analogie bildung zu fällen wie *zenóh* — *zenóʒum* mit altem *ʒ* vorliege) ergibt sich aus der tatsache, dass solche nebenformen mit *ʒ* auch sonst bei alten *h*-wörtern auftreten, aber immer erst in späteren texten.

Für *heáh* habe ich aus der prosa notiert *heáʒe* Oros. 113, 10. Saints 1, 22, *heáʒum* Beda 319. Boeth. 160, *heáʒan* Lev. 26, 30. Saints 2, 394, sio *heáhe* Boeth. 136. 138, *þám heáhan* 14 (das *h* hier nach § 214, 1 nachtr. zu erklären, im Boeth. ist dies *h* für inneres *ʒ* sehr häufig); für *zemáh* : *zemáʒum* Haupt gl. 425ᵇ. 452ᵃ, *zemáʒlice* 475ᵃ, *zemáʒnesse* 491ᵃ; für *wóh* : *wóʒe* L. Aethelr. 6, 28. Haupt gl. 448ᵃ. 486ᵇ, *wóʒum* 458ᵇ, *wóʒan* Ld. 1, 318. C. D. 3, 419, *wóhʒan* C. D. 3, 389 (vgl. auch *wóʒes* subst. Boeth. 242, *wóʒe* L. Eadg. 2, 4 s. 113; auch *neáʒum* proximis Germ. XXIII, 399ᵇ und den späten comparativ *freóʒre* C. D. 5, 113 zu *freóh* frei); dazu halte man die beispiele der Cura pastoralis: gen. dat. sg. f. *wôre* 245, 15. 357, 21. 367, 15. 369, 19; acc. sg. f. *wô* 65, 3, *wuo* 67, 7, instr. sg. *wuo* 357, 20, dat. pl. *wôm* 69, 9, *wuom* 267, 5, *wôn*

73, 13; schwach nom. sg. f. *woo* 67, 5, ntr. *woo* 71, 25, gen. *wôn* 261, 1.
429, 13, dat. *wôn* 365, 19, gen. pl. *wôna* 67, 7, dat. *wôn* 71, 10. 267, 12. 16.
Aehnlich steht es mit *rûh*; neben den älteren formen mit *w* (*rûwau*
Gen. 27, 23. Ld. 2, 292. C. D. 3, 425. 451. 5, 78 (a. 825). 135. 265. 277.
297. 374. 6, 41 etc.) entwickeln sich solche mit *ʒ*: *râʒe* Ep. Al. 506. Ld.
1, 254. 298. C. D. 3, 379. 5, 184, *rûʒum* Ld. 1, 310, *râʒan* C. D. 3, 403.
419. 454. 458. 4, 103. 5, 81. 127. 194. 374. 6, 62.

S. 103 z. 11 ist die form *hreór* zu streichen. So viel ich
sehe steht sie nur Andr. 1118, und da ist, wie die alliteration
zeigt, mit Greiu *reór* zu lesen.

§ 295, anm. 3 ist zu berichtigen. In den jüngeren texten
wird *-ere, -era* auch bei langsilbigen die regel.

§ 296, anm. 2. Ueber vocalsynkope in solchen formen s.
oben s. 228.

§ 297. Hierher gehört wol auch das erstarrte adj. *lyt* in
der formel *lyt hwôn*, die man als compositum zu fassen pflegt;
vgl. aber *swîðe lyt hwôn* C. P. 207, 4 (north. acc. *lytel hwôn*
Mc. 1, 19), und dem substantivisch und adverbial gebrauchten
lyt; über den gen. *lytes* in *lytes-nâ, lytestne* s. unten zu § 319.

§ 297, anm. 2 sind die neugebildeten formen *frióh, freóh*
(schon C. P. 200, 19. L. Inc 3. L. Aelfr. 1, 12), *unʒebleóh* dis-
color (Aelfr. gr. 47, 16) zu erwähnen. Das ws. bildet fast
regelmässig alle formen von dem nom. *freó* aus.

§ 298. Adjectiva auf *-nne* nehmen im acc. sg. m. kein
drittes *n* an: *ʒinne* Beow. 1551. Wids. 51, *þynne* Ld. 1, 274.

§ 299. Neben denen auf *-bǽre* sind auch die adjectiva
auf *-ede* wie *heálede, hócede, hoferede* (= alts. *-ôdi*, Grimm gr.
II⁴, 362) und *-ihte* wie *stǽnihte, stânihte, ðyrnihte* etc. anzuführen. Für die letzteren werden gewöhnlich nominative auf
-iht angesetzt, vgl. aber Grimm a. a. o. 380 f. zum ahd. und
formen wie *on stǽnihte* acc. sg. n. Mt. 13, 5, *stânihte* nom. sg. f.
Beda 351 (*stǽnihte* B); die formen auf *-iht* welche Lye und
nach ihm andere anführen, sind soviel ich sehe alle aus glossen
genommen, bei denen vielleicht flectierte formen im text stehen.

§ 299, anm. 1. So auch *sêfte* neben *sôftum* Laws s.
412 (XI).

§ 300 anm. Belege für die jüngeren formen mit *w* vor
consonanten sind z. b. *ʒeolunne* Ld. 1, 374, *ʒeolewra* Haupt

gl. 445ᵇ, *zearonne* Saints 10, 14 (comp. *zearunre* L. Cnut. 1, 23);
mearunne Ld. 1, 224 H (comp. *mearunran* Ld. 2, 84, *mearrran*
Ld. 1, 278 — *mearunran* HO), *nearnre* Eccl. inst. 27 s. 480. Ld.
1, 340 (superl. *nearnlicast* Inst. Pol. 12); so steht auch bisweilen
-*ur* in der unflectierten form, *mearur* Ld. 1, 216, *brûnbasur*,
zeolur Ld. 1, 294 (vgl. substantiva wie *melur* Ld. 1, 270, *smeorur*
Ld. 1, 208). Sonst merke ich von kleinen unregelmässigkeiten
noch an *brûnbasrere* Haupt gl. 522ᵃ, *brûnbasne* 523ᵃ, *brûnbasum*
523ᵃ.

Es gehört noch hierher *cylu* guttatus Aelfr. gl. 72ᵇ Somn.
(Wright 1, 46; *cyler* Cot. 99 bei Lye wird wol aus einem ca-
sus obliquus stammen) und wol auch *medewa* *nin* defruta
Haupt gl. 468ᵃ.

§ 301. Füge hinzu *zedeáw* tauig, (*ze*)*hleór* apricus (*hleór*
stede apricus locus Aelfr. gr. 320, 17 [oder compositum?], *un-
hleórran* Ex. 494, compar. *zehlíuran dene* Ep. Alex. 531), *hreáw*
roh, *zeseáw* saftig, und das pl. tant. *feá, feáwe* (über *feáwa* s.
oben s. 245). Die kürzere form *feá*, gen. *feára*, dat. *feám*,
feáum ist in der poesie die gewöhnlichste, in der prosa ist sie
schwach belegt. Die Cura past. hat, wenn ich nichts übersehen habe, diese kürzere form nur im dat. *feám* 73, 19. 75, 16
ncben *feáum* 395, 12, *feámum* 179, 12. 457, 9, in welchem der
ausfall des *r* leicht erklärlich ist (grundform **farrum*). Sonst
steht noch *feá* einige male im Beda: *feá rryrhtan* 98 (*feáwe* C),
feá âna nur wenige 388 und *ðá feá* 'das wenige' (grundform
*fanru). Der Vesp. Ps. hat dagegen ausschliesslich nom. *feá*
106, 39. 108, 8, dat. *feám* 16, 14, *ða feástan* 104, 12. Danach
scheint es mir nicht unmöglich, dass die *feá* im Beda (ausser
dem ntr.) wieder auf den mercischen schreiber zurückzuführen
sind. Im Durhambook und Rushworth ² fehlt das wort überhaupt, so wird durch *huôn, lythuôn* oder *lytle* ersetzt; der
Rushw. Matthaeus hat dagegen *feáwe* 7, 14. 9, 37. 20, 16. 22, 14,
fæawum 25, 21, *feáwum* 25, 23.

Ferner gehört hierher das meist schwach flectierende
ðeór(u) dienstbar, in *ðeóra man*: nom. Aelfr. gr. 104, 12. 105, 6,
acc. 104, 18 (*þeówne man* ib. U, *þeówne rrimman* Conf. Ecgb. 1,
25, *þeówne esne* L. Wihtr. 23), nom. pl. 102, 1, dat. 101, 22.
102, 4, gen. *þeórra manna* 101, 21 nach § 304, anm. 1.

feowum mannum Aphorim. ed. Cocp. 18ˢ·ᵇ,

gn. pl. þeowa manna Apk 18².

Ob *freáum* Reiml. 32 gleich abd. *frô* ist, wie Grein annimmt, lasse ich dahingestellt. Dagegen gehört hierher sicher wol noch *weá* leidvoll (dat. *weám môde* Ld. 2, 4, oft im comp. *weámôd*, zur lautform s. § 62, anm.).

§ 302. *Þryʒe* ist zu streichen, da das *y* ohne zweifel lang ist (Kluge, Beitr. VIII, 536); dafür ist *ʒemyne* eingedenk, Mt. 5, 23 Rushw. einzutragen (daneben *ʒemun*, nom. pl. Oros. 34, 2 L); ein echter nominativ eines langsilbigen *i*-stammes ist *fyrn* *forðʒesceaft* Räts. 81, 9, vgl. das adverbial gebrauchte neutrum *fyrn*, *ʒefyrn*, alts. *furn* (*forn* Cott.).

§ 303. Die form *cricu, cucu* steht ausser als nom. sg. m. auch für nom. sg. f. *cucu* Hom. 2, 26, *cricu* Poen. Eegb. 38, acc. sg. f. *cucu* Ld. 3, 208, *crica* Boeth. 148, nom. acc. sg. n. *cucu* L. Aelfr. 1, 28. Wright I, 78, *cricu* Räts. 73, 5, *crico* Räts. 11, 6. 14, 3, nom. acc. pl. m. *cricu* Ps. 87, 18. 113, 8 Grein, n. *cucu* Gen. 1, 20. Ex. 22, 4, *cricu* Ps. 108, 24 Grein, *cmico* Crist 1131, auch schwach, *seó cucu* Hom. 1, 142 (*se cruca* Boeth. 182 ist zweifelhaft). Für den acc. sg. m. finde ich folgende formen belegt: *cucune* Ld. 2, 306; *cucunne* L. Edg. 2, 7 D, *cuconne* Chron. 1009, *samcucene* Luc. 10, 30, *cucena* Saints 3, 588, *cucenne* L. Edg. 2, 7. Hom. 1, 295. Jos. 8, 23. Saints 5, 433, *crucene* Boeth. 182, *cricenne* Blickl. 191, 12. Ld. 1, 340. Ps. 118, 82 Grein; über die formen mit *nn*, zu welchen die lexica fälschlich nominative auf -*en* ansetzen, s. oben s. 229. — Der Vesp. Ps. hat nur den acc. pl. *crice* 123, 3, north. *cuic* acc. sg. n. Joh. 4, 10. 11, nom. sg. m. 6, 51 (*cric* R), *cuico* acc. pl. n. Joh. 7, 38 Durh., *cwicum* dat. pl. Mc. 12, 33 Rushw.

Formen mit *u* sollten lautgesetzlich nur, aber auch überall da eintreten, wo ein *u*- oder *o*-umlaut des wurzelvocals möglich war: also nom. **criocu *crucu cucu*, gen. *crices*, *cricre*, dat. *cucum*, fem. *cwicre*, acc. *cucune*, f. *cwice*, n. *cucu* etc. Doch wie sich neben *cucu* auch *cricu* und *cric* entwickelt hat, so erscheint auch das *u* von *cucu* gelegentlich über sein normalgebiet ausgedehnt: *cucne* Oros. 66, 4. 116, 41 (könnte nach s. 228 f. zu beurteilen sein), *cuces* Gen. 8, 21. Wright 1, 85, *cwuces* Boeth. 150 Cott., *cuce* nom. pl. Chron. 794 E. Num. 16, 33, gen. pl. *crucra* Hymn. 8, 39 Gr., *cmucera* Metra 29, 80.

In der anm. ist das paar *enʒe — onʒe* zu streichen (dafür

söft — sêfte oben s. 257 und § 299, anm. 1), denn *anʒe, onʒe* Grein I, 7 ist, worauf mich herr Platt verweist, nicht adjectivum, sondern adverbium; der einzige beleg den ich für unumgelautetes adj. finde, ist *anʒere sorʒe* Cot. 190 bei Lye, und das ist wol nur verderbnis für *anʒere*.

§ 304. Auch hier sind, wie zu § 276, die nebenformen auf *-on* zu erwähnen, wie *þone fleóndon* Ep. Alex. 119, *ʒit ealdon* 585, *leófon* Beda 330. Im gen. pl. findet sich bisweilen auch das *-an* der übrigen casus: *his unnytan færelta* Cura past. 257, 9, *heora yfelan dǽda* Aelfr. N. T. 21, 22, *ðára ylcan ʒerihta* C. D. 3, 138. Ungewöhnliche kürzungen zeigen *ǽterna* statt *ǽternena* Ld. 2, 176, *ʒearra* für *ʒearr-ra* s. unten zu § 307, *yldra* Beda 118 für **yldr(e)ra* und *úttra* Or. 50, 10 für *úterr(e)ra*; substantivische flexion *ðára feðerfóta niétenu* Ep. Alex. 195 (vgl. *úre feðerfót niétenu* 369), *þára uplica cesterwara* Shrine 118, eine mischung von starker und schwacher declination endlich der sonderbare genetiv *ðǽre háliʒrana* und *ðǽre háliʒran* in der urkunde C. D. 2, 5 (Sweet O. E. T. 454, 9 und 20).

§ 305, anm. 1. Prosabeispiele sind *cumende* Luc. 21, 27, *forhwyrfende, forbeódende* Luc. 23, 2.

§ 307. Altws. lautet der comp. von *ʒearu* auch *ʒearra*: acc. pl. *ʒearran* C. P. 401, 6, gen. *ʒearra, unʒearra* C. P. 443, 30; wegen des späten *ʒearuwre* u. ä. s. oben s. 257 f.

Umlaut im comp. hat noch *ʒreát : ʒrýttran* Ep. Alex. 317; im Oros. 21, 2 steht einmal *brǽdre* neben dem gewöhnlichen (auch im Oros. öfter belegten) *brádra; ʒehlíuran* s. oben s. 258.

§ 309 f. Neben *smæl-smalost* besteht auch *smælst* Aelfr. gr. 16, 8, *þæt smælste* Ld. 3, 18, *þæs smælestan* Ld. 1, 334; zu *feá(we)* bestehen die doppelformen *feástan* Vesp. Ps. 104, 12 und *feáwoste* Blickl. gl. — Ueber *heáhsta — hêhsta, neáhsta — nêhsta* s. oben s. 212.

§ 311. Da die belege für starke flexion ziemlich selten sind, so setze ich her was ich mir bei der lectüre angemerkt habe: dat. f. *on ʒôdre and sêlostre eorðan* Luc. 8, 15, acc. *heáhstne* Blickl. gl., *scyrtestne* Boeth. 240, *leófostne* Mc. 12, 6, *lenʒestne* Boeth. 214. Mc. 12, 40, nom. pl. *maneʒe fyrmeste beóð ýtemeste and ýtemeste fyrmeste* Mt. 19, 30 und ähnlich Mc. 10, 31.

Mt. 20, 16. Luc. 13, 30; *yldeste* Oros. 119, 6, *betste* Oros. 122, 7. 127, 10. Ld. 2, 146. 226. Poen. Ecgb. 4, 56, gen. *leófostra, sêlostra* C. D. 6, 202.

Ausser bei *hiéhsta, niéhsta*, wo sie regel ist, tritt synkope des *e* im superlativ der umlautenden selten auf: *lengsta* Ld. 3, 258 (2), *seó strengste* Oros. 98, 10, *þâ strengstan* Oros. 11, 15, *ieldstena* Oros. 87, 40 Laud., *yldstan* Aelfr. V. T. 4, 19. Ex. 17, 5. Luc. 20, 46, *eltstan* Hom. I, 24, *zingsta* Gen. 42, 13. 32 und selbst in unflectierter form *yltst* Mt. 23, 11, *zingst* Oros. 28, 7 (*zinst* C).

§ 312. Neben *bet(e)ra* ist auch die form *bettra* zu erwähnen (Vesp. Ps. 36, 16. C. P. 113, 23. 395, 17). Füge ferner das altertümliche *lǽrest* ein: *þâm lǽrestan* L. Aethelbr. 56, J. Grimm, kl. schr. V, 318. Kluge, Beitr. VIII, 521. Die ws. prosa kennt übrigens nur die synkopierte form *lǽst, lǽsta* (vgl. schon C. P. 9, 16. 199, 10. 15. 301, 13. 453, 34); dagegen north. in Durh. *lǽsest* Mc. 4, 31, *leasest* Mt. 5, 19. 13, 32, *leussæst* Lc. 12, 26, *leasestū* Mt. 5, 19, *lǽsestū* Mc. 9, 42, in Rushw. *lǽsest* Mt. 2, 6. 5, 19. 10, 42. 13, 32, *-esta* Mt. 5, 19. 25, 40, *-estum* Mc. 9, 42 und so in der poesie *lǽsast* Guthl. 309, *lǽsest* Gn. Ex. 159. Im Vesp. Ps. kommt die form nicht vor. — Comparativformen scheinen auch *etra* der andere, Beow. 752, und *elcra* der letztere, Ld. 2, 178, zu sein, vgl. das adv. *elcor*.

§ 313. Der comparativ zu *feor* lautet *fierra, fyrra* Beda 406. 413. Oros. 17, 37. 24, 9. 41, 97, 26. 98, 9 etc., der von *neáh* ohne umlaut *neárra* Oros. 17, 40. 23, 43. 24, 11. 38, *þâ neáran* Oros. 103, 6; das adverbium begegnet mit umlaut, *nŷr* Rect. 2. Beda 414, neben dem geläufigen *neár*. Zu *fore* begegnet *furðra* Ld. 1, 328. Joh. 13, 16. Coll. Mon. 30, 13 Th. Neben *fyrst(a)* ist die ältere form *fyrest* C. P. 10, 22 C, *fyrestum* L. Aethelbr. 57 anzuführen.

§ 314. Hier fehlen *æfterra, æftemest* und *midmesta* Oros. 111, 19. Boeth. 238; neben *uferra* steht auch *yferra* O. E. T. 448, 1, *yfera* L. Eadw. u. Guthr. 4 (B). C. D. 3, 302. 5, 13. 81. 212. Auch die comparative der bezeichnungen der himmelsgegenden sind belegt: *norðera* C. D. 5, 148, *norðra* Ld. 3, 260. 270. C. D. 3, 399. 6, 193; *þæt nyrðre zeat* C. D. 3, 131 (vgl. auch adv. *norðor* Ld. 3, 252); *sûðera* C. D. 3, 408. 4, 66, *sûðra* Ld. 3, 252. 270. C. D. 6, 165 (2 mal), *ðone sŷðerran* steð C. D. 5, 148 (vgl. auch adv. *sûðor* Ld. 3,

252 und zu der umgelauteten form das adv. *sýð* C. D. 3, 176 (2) 6, 36, *Sýðtâninza lace* C. D. 6, 102); *eástera* C. D. 5, 191 (2). 319, *eástra* C. D. 3, 442. 414. 4, 90. 5, 207; *westerra* C. D. 5, 174, *westra* 3, 19. 400. 5, 221. 332. 392. 6, 67.

Für *æfterra, innerra, úterra, uferra, niðerra, norðerra, sûðerra, eásterra, westerra* ist -*erra* als normalendung anzusetzen; -*era, -ra* sind daraus verkürzt, s. oben s. 228.

Neben -*mest* im superlativ tritt bekanntlich oft die schreibung -*mæst* auf, die wol auf frühe volksetymologische anlehnung an *mæst* deutet.

Advorbia.

§ 315. So auch einige adverbia auf -*e*, denen kein adj. zur seite steht, wie *ǽdre* frühe, *some* ebenso, *sneóme* schnell; statt *heáh* auch spät *heáge* Aelfr. gr. 233, 17. Hom. 1, 286. Zu beachten (*h*)*ræðe* und (*h*)*raðe* schnell, wegen des wechsels von *æ* und *a* (so auch öfter *smæle* Ld. 2, 74. 231. 236. 272. 276, neben gewöhnlicherem *smale*; auch comp. *smælor* Cura past. 461, 3). Unumgelautetes adverb zu adjectivischem *jo*-stamm noch in *swôte* Aelfr. gr. 220, 14, einmal *clâne* urk. a. 835, O. E. T. 448, 41; *fácne* neben *fǽcne* kann substantiveasus sein, dagegen werden *iéðe* und *eáðe*, die in der literatur durcheinander gehen, wol ursprünglich auch einmal als adjectivum und adverbium geschieden gewesen sein.

§ 317. Hierzu *edða* Räts. 44, 17, wahrscheinlich stehen gebliebene northumbrische form, vgl. *aeththa* im sterbesang Bedas, *eþþa* Mt. 5, 17. 18 Rushw., *oðða* Luc. 22, 27 Durh. etc.

(f. Sohrauer. p. 34-5.)

§ 319 füge hinzu *full, zefyrn, heáh, lyt, unzemet* neben *unzemete* und *unzemetes*; zu den genetivischen etwa ausser dem von Grimm gr. 3, 92 gebotenen noch *samtenges* zusammen, *nihttanges* die nacht durch (Gen. 19, 2), *unzewisses* unbewusst (*unzewisses and unzewealdes* C.P. 215,10), *weás*? zufällig; *endemes* pariter (später *endemest, ændemest* Boeth. 244), *lytes*- in *lytes-nâ* beinahe, Jul. 10, *lytesme* Beda 104. 230. 428 (Grein II, 201); ferner das pronominale *hwæthuzuninzas* etwas (C. P. 155, 15 II, *hwæthwuzununzes* C und Boeth. 30. 218, *hwæthwezununzes* Boeth. 218, auch *hwæthwezuninza* Boeth. 130); zu § 320 ergänze *willes, selfwilles, unwilles* (un)freiwillig, nach (*un*)*ðonces* gebildet und wie dieses mit adjectiven und pronominibus verbunden (z. b. *hjre unwilles* Poen. Ecgb. 1, 13. 14. 15, *his, hire ágenes willes* ib. 4, 15. 21. Can. Edg. 36); sonst vgl. noch formeln wie *willes ne, und, oððe zewealdes* C. P. 199, 22. L. Eadw. 7. Can. Eadg. 3. L. Acthelr. 6, 52, *hiru ágnes zewealdes* C. P. 239, 5, *unzewealdes* Poen. Ecgb. 1, 1, *úres* - Boeth. 152; *ôðres healfes* auf der andern seite L. Inc 66, *instǽpes* sofort Blickl. neben *instǽpe* Blickl. 199, 21. Beda 139. 201. 265, ferner die bildungen mit *tô*, wie *tô ǽfenes* Ep. Alex. 294. Conf. Ecgb. 1, 4. 30, *tô nônes* Beda 171. Ld. 2, 290. Saints 3, 618. Conf. Ecgb. praef. und 2, *tô ûhtes* Ep. Alex. 363, *tô zeflites* certatim Haupt gl. 459ᵃ; ferner umschreibungen wie *hû zerâdes* wie C. P. 133, 3, *hû zeáres* zu welcher zeit des jahres Ld. 2, 166. 238, *hû meta* wie Boeth. 112. Mt. 7, 4. Lc. 12, 56 etc. (sehr häufig), *hû nyta* wozu, zu welchem zweck, Boeth. 208, sowie die bekannten *ǽnige, nǽnige ðinza* irgendwie, durchaus nicht (*ndne ðinza* C. P. 95, 17), *hûru ðinza* praesertim, etc.

§ 321. Zu *ðǽr* und *hwǽr* füge die spätws. *þár* (me. *þor*), *hrár*, die wol zunächst in der euklise entstanden sind. Emphatisches *þara* dort, begegnet Joh. 11, 31; vgl. *hwǽthwara* quocunque Oros. 36, 7. Zu *hrǽr* gehören ferner *zehwǽr*, *ǽzhwǽr*, *ázehwǽr* (Vesp. Ps. 37, 9), (*ze*)*welhwǽr*, *welzehwǽr* (Beda 327) überall, *âhwǽr* irgendwo, *nâhwǽr* nirgends mit den nebenformen *áwer, ôwer* etc. (vgl. s. 227). Für *ðider* lautet eine seltene altertümlichere form *ðæder* C. D. 3, 293. Shrine 156, dazu *hidres ðædres* C. P. 169, 13 II, wofür C und Boeth. 240 *hidres þidres* haben; *hider þideres* Haupt gl. 430ᵇ; *hidere* Luc. 16, 26; dazu comparativisch *hideror oððe zyt beheonon* citerius Aelfr. gr. 232, 13. Beachtenswert sind ferner die adverbia *hidenofer* und *zeonofer* hüben und drüben, Duns. 5 (Laws s. 151).

Neben allen adverbien auf -*an*, -*on* begegnen auch vollere formen auf -*ane*, -*one*: *ufan*, -*on* und *ufane* etc.; bei diesem adverbium auch noch *ufenan* Joh. 3, 31.

§ 322 f. *Seldan* hat comp. *seldnor* Metra 28, 66, *seldor* Aelfr. gr. 240, 13, sup. *seldost* Boeth. 216. Aelfr. gr. 240, 13. — Zu § 323 gehört noch *end* Höll. 71 = got. *andis, nŷr* Rect. 2. Beda 414 (gewöhnlich *neár* aus **nêhor*), und wol *tylz* propensius Ep. 743 = Corp. 1636 zu got. *tulgus*, alts. *tulgo*. — Zu

lenz vgl. das doppelt gesteigerte *þê lenztifra* Eccl. inst. 33 a.
483 zu *lanzlife* (ähnlich **mâfealdre* unten s. 270).
Neben *ǽrest* erscheint verkürzt *ǽst* Oros. 59, 35. 88, 4.

²*Orn.Sw.* 112²², 182 ¹⁸

Zahlwörter.

§ 324. Im paradigma vou 2 lies *tweʒ(e)a*; in der anm.
ergänze *bûtwu* L. Wihtr. 12; die schreibung *beʒʒen* erscheint
schon dreimal in Aelfrics Epist. past. 35 und einmal in 46. —
Neben *þrim* begegnet spät *þreom*, z. b. C. D. 3, 243; sonst füge
an einzelheiten zu *fifo* acc. pl. utr. Ld. 3, 56; *seox and seoxtiʒ*
C. D. 3, 5, *seox* C. D. 6, 126, *seax* 3, 127. 5, 152; *siox-, seox-*
slihtre 3, 227; neben *seofon, siofon* auch *-an, -en* (letzteres stets
im Vesp. Ps.); *ehtuwe* Räts. 37, 4, stehengebliebene north. form ;
dat. *eahtum* Beda 262; *niʒan, -en* Blickl., *neoʒon* Ld. 3, 46,
neoʒone Ld. 3, 62; *endlufun* Mt. 28, 16, *endlyfon* Ld. 1, 314,
endlyfan Sts. 5, 136, *œnlufon* Luc. 1, 314 H; flectiert *þâm end-*
lufenum Luc. 24, 9; *þreot(t)ŷne* Ld. 3, 248 etc., neutr. *fiftŷnu*
Guthl. 908, *fiftŷno* Gen. 1151; *hundeahtiʒ* Beda 294. C. D. 4, 37;
hun(d)endlyftiʒ C. D. 203, endlich auch *hundtwentiʒ* Aelfr. V.
T. 6, 1, *ðâra hundtwyntiʒa* hida C. D. 3, 127 mit derselben bedeutung wie *hundtwelftiʒ*.

Für 22, 32 etc. gilt fast nur *twâ* (nicht *twezen*) and *twentiʒ*
etc.: *twâ and hundseofentiʒ wera* Aelfr. ep. past. 10; doch s. 266.

Zu den beispielen welche Koch II², 214 für die umschrei-
bung der zahlen wie 18, 19 etc. gibt, füge ich noch *ân lǽs*
twentiʒ, twâm lǽs twentiʒ, þrittiʒ Aelfr. gr. 287. Ld. 2, 6. 10, *ân*
leas feówertiʒ Saints 11, 205; *twǽm lǽs þê twentiʒ wintra*
Blickl. 215, 34, *twǽm lǽs ðe þrittiʒ zyrda* C. D. 3, 175. 5, 220,
ânes wona sixtiʒ wintra Beda 231, *ânes wona* XX. *wintra*
253. 369.

Das neutrale geschlecht der wörter auf *-tiʒ* ergibt sich
aus stellen wie *þæt feówertiʒ daʒa*[1]) Beda 243. 359, *ân fiftiʒ*

---

[1]) Die zahlen sind collectiv zu verstehen; so steht auch *ðæt seo-*
fontŷne hŷda C. D. 5, 378; dagegen z. b. *þonne beóð þær þreó and þrit-*
tiʒ; forlǽt þâ þrittiʒ and nim þâ þreó Ld. 3, 252. — Ich bemerke
übrigens ausdrücklich, dass einzelnes aus dem im folgenden vorgelegten
materiale bereits in den betreffenden abschnitten von Koch II², 208 ff.
und Mätzner III, 220 ff. zu finden ist.

acc. '50 psalmen' L. Acthelst. 4, 3. Jud. civ. Lund. 8, 6. Poen. Ecgb. 62, *in tó ðŷs twentizum hida* C. D. 5, 331; daher auch ein plural *III. feówertizo* Poen. Ecgb. 4, 68. Uuklar ist mir die form *prittiza* in dem satze *tele ðð þæt þú cume tó prittiza* 'zähle bis 30' Ld. 3, 228.

Ueber die syntaktische verwendung der zahlen auf *-tiz* mögen ebenfalls etwas ausführlichere belege folgen, da die grammatiken (auch Koch II², 208 ff., der am meisten material bietet) die vorkommenden gebrauchstypen nicht erschöpfen. Im nom. acc. sind alle stets substantivisch bis auf späte zeit, wo ich vereinzelt *þá þryttiz scyllinzas* Mt. 27, 3, *þá twentiz weardmen* Saints 4, 419 finde.

Für den genetiv lässt sich natürlich ein unterschied zwischen substantivischem und adjectivischem gebrauche nicht ermitteln, doch deutet der eintritt der endung *-tizra* auf adjectivische auffassung seitens der sprecher.

Steht der genetiv absolut, so werden die formen *-tizra* und *-tiza* gebraucht: *feówertizra sum* Beda 75, *hundseofontizra sum* Gen. 46, 27 und *pritiza sum* Chron. 878 (s. 80), *fíftiza sum* ib. 607. Vor zugehörigem nomen scheint *-tizes* die älteste form zu sein: *ðritizes zeára* Cura past. 385, 15, - *mila* Beda 27. Chron. 893; *feówertizes duza* Ld. 3, 76, - *nihta* Blickl. 35, 30, *þyses feówertizes duza* Blickl. 35, 5; *fíftizes elua* Or. 20, 21, *hundæhtatizes zéra* Vesp. Ps. 89, 10, *hundnizontizes wintra* Beda 242, *hundtwelftizes fóta* Oros. 85, 2, - *mila* Chron. 893, sogar mit pluralem artikel *ðára twentizes hida* C. D. 3, 429. 6, 215. Für *-tizra* habe ich angemerkt *ðrittizra nihta* Saints 5, 30, *pritizra mancussa* C. D. 3, 294, auch mit dem artikel *þára feówertizra duza* Num. 14, 34, - *cempena* Saints 11, 1; *-tiza* scheint auf die späteren urkunden beschränkt zu sein: *pritiza mancussa* C. D. 3, 127, *hundteóntiza swina* 3, 283; mit artikel *ðæra twæntiza hida* 3, 127. 426, *þára pritiza hida* 5, 262. 395, *ðæra hundtwyntiza hida* 3, 127.

Indeclinabel adjectivisch einmal *ðára fíftiz hŷda* C. D. 6, 75, wie im dativ substantivisch *of feówertiz libcorna* Ld. 3, 20.

Beim dativ *-tizum* findet sich abhängiger genetiv noch öfter: *prit(t)izum siða* Beda 230, - *nihta* L. Ine 2. Cnut. II, 39, *feówertizum zéra* Vesp. Ps. 94, 10, *þyssum feówertizum nihta* Blickl. 35, 17, *feówertizum oþþe fíftizum wintra* Ld. 2, 172. 183, *fíftezum* *mancussa* Cura past. 9, 1, *fiftigan cyningu* Oros. 31, 21, *syxtygum wintra* Beda 26, *sixtegum hida* L. Aelfr. 2, 11, *sixtigan scillinga* L. Aethelr. 9, 5, *hundseofentigum gēra* Vesp. Ps. 89, 10,[1]) *hundeahtatigum wintra* Beda 480.

Gewöhnlicher ist jedoch -*tigum* mit folgendem dativ; so habe ich mir angemerkt *twentigum* Oros. 37, 10. Num. 1, 45. Luc. 14, 31. C. D. 3, 295; *þrit(t)igum* Blickl. 79, 25. Oros. 111, 3. Gen. 37, 28. C. D. 3, 294, mit artikel *þām* Saints 5, 156; *feówertigum* Num. 14, 34; *þām fiftigum* Gen. 18, 24; *syxtigum* Blickl. 11, 17. Oros. 83, 41, *hundseofontigum* Num. 11, 25, -*on* Mt. 18, 22, *hundehtatigum* Chron. s. 5, 2.

Das vortreten einer einerzahl berührt die flexionsverhältnisse der zehnerzahl nicht: gen. *feówer and hundeahtatiges zeára* Beda 459, *eahta and feówertiges elna* Oros. 20, 21; dat. *nigon and nigontigum rihtwisra* Luc. 15, 7; *seofon and twentigum dagum* Beda 215. Ld. 3, 248, *feówer and XX. nihtum* Beda 116, *six and feówertigon wintron* Joh. 2, 20, *seofon and fiftegum torran* Beda 56.

Von den flectierbaren einerzahlen erscheint soviel ich sehe *án* nur unflectiert: *ðām án and twentigum hidum* C. D. 319; zwei und drei schwanken: gen. *þára twá and twentigra manna* Oros. 116, 41, aber dat. *þām trám and twentigum* (absolut) Ld. 3, 282, *þām twám and feówertigan wintra* Oros. 116, 7, *þrym and ðriftigum manuum* Saints 5, 128, *þrim and hundnigentigon scipum* Chron. 993, und wieder ganz jung *twezen and hundeahtatigum* C. D. 5, 333, *twezen and hundtwelftigum mancosum* C. D. 5, 333.

§ 327. *Hundteóntig* erscheint, wenn auch selten, auch im plural: *trá hundteóntig bisceopa* Beda 301, *twá h. and fiftig* Beda 295, *twá h. and fife eác* Gen. 1741, *þreó h. biscopa and eahtatýne* Beda 301.

Die form *hundrað* ist northumbrisch, die sächsische form lautet *hundred*; dazu ein absolut gebrauchter plural auf -*u*: *fif, six hundredu* Num. 3, 21, *fif hundrydo and fiftig* Num. 2, 32, *twá hundrydo* Num. 3, 34, dat. *þām trám hundredum* Aelfr. gr.

[1]) Diese stelle ist interessant, weil in demselben verse der gen. *hundeahtatizes* steht; es scheint das für eine regelrechte flexion gen- -*tizes*, dat. -*tizum* zu sprechen.

284, 1; doch steht auch da die unflectierte form: *fif hundred und fiftig* Num. 1, 46, und diese ist allein üblich, wenn noch ein nomen folgt, wie *six hundred zôdra crata* Ex. 15, 7, gen. *twezera hundred peneza* Joh. 6, 7, dat. *twâm hundred mancusan* C. D. 3, 361, - *penezon* Mc. 6, 37, *þrim h. penezon* Joh. 12, 5. Ein nom. in adjectivischer rection, *hundred cŷse,* steht Rect. 16.

Bezüglich *hund* ist zunächst die angabe zu berichtigen, dass nur die mehrfachen hunderte durch dieses wort ausgedrückt werden; *hund* = 100 steht sowol für sich allein, als mit dem zusatze *ân,* Bosw.-Toller 566ᵃ (dazu noch etwa *for hund wintrum* Poen. Ecgb. 4, 66).

Pluralische flexion kann ich nur im northumbrischen mit *tuâm hundum* Mc. 6, 37 (*hundreðum* Rushw.), *ðriim hundum* Joh. 12, 5 belegen; im sächsischen findet sich dagegen ein singularisch geformter dativ *hunde* für mehrfache hunderte: *tó þrim hunde peneza* Blickl. 69, 8. 75, 22, *mid CCL hunde* (d. h. *mid þridde healf hund* wie E liest) *scipa* Chron. 893, und mit adjectivischer rection *IIII. hunde wintrum and hundeahtatizum* Oros. 32, 12 L., *V. hunde wintrum and XXXIII.* Oros. 89, 16 L. Diese form ist aber offenbar eine altertümlichkeit, gewöhnlich ist *hund* ganz indeclinabel: *twâm hund scipa* Oros. 86, 37, *þrim hund wintra* 26, 19, *II. hund wintra and cahtatizum* 49, 1, *mid III. hund scipa and þritizum* (*LXtizum*) 84, 25. 85, 45, *æfter seofon hund wintra and nizon and twentizum* Beda 481, oder mit adjectivischer geltung *twâm hund sealmum* Poen. Ecgb. 61, *þrim hund penezum* Mc. 14, 5, *feówer hund mannum* Gen. 32, 6. 33, 1, *wintran* Oros. 32, 13. 34, 31, *zeârum* Aelfr. V. T. 5, 19. 8, 17, *syx hund wintrum* Oros. 31, 44, *scofon - Beda* 436, *for fela hund zeârum* Aelfr. V. T. 10, 22, selbst im nom. acc., *fif-hund zelŷmu oxena, fif hund assan* Job 1, 3.

Für *þûsend* merke ich nur an die adjectivische verbindung *þûsend zelŷme* (für *zelŷmu*) *oxena* Job 17, den adjectivischen gen. pl. *þreó and twentiz þûsendra manna* Ex. 32, 28 und einige belege für unflectierte formen: nom. acc. pl. absolut *tŷn þûsend Englones folces* Jud. 3, 29, *feówer and twentiz þ.* Jud. 26, 62; mit genitiv *þreó þ. olfenda* Job 17, *feówer, fif þ. manna* Mt. 15, 38. Mc. 6, 44, *scofan, feówertŷne þ. sceâpa* Job 17, *þritiz þ. wera* Jos. 8, 3; genetiv *þâra . . . feówer (fif) þ. manna* Mt.

16, 10. Mc. 16. 19; dativ *mid tuân pûsend þrimsa* Wergilds s. 80, *mid tŷn pûsend mannum* Jud. 4, 6.

§ 328. Zu *forma* füge noch *formesta* Beda 6·11, 37 Sui., *fyrmest(a)* und *fyrest(a)* (*fyrest* Cura past. 10, 22 C), sowie *ǽrest(a)*, zu ôðer auch *æfterra*; weiterhin die formen *eahteoða* octavus Aelfr. gr. 282, 18. Saints 2, 268. 4, 12, *ehteopan* Luc. 1, 59, *eahtezepan* Beda 481; *nizeopan* Blickl. 53, 12; *teozepan* Beda 300. 484. Shr. 102; *ændlyfta* Beda 145, *ændtefta* Ld. 3, 188, *ænlyfte* Conf. Ecgb. 1, 2, *endlyfta* Blickl. 93, 6. Ld. 3, 246, *endleofta* Aelfr. gr. 282, 19; *ehteóða* Ld. 3, 192; *feówer-, fif-, seofontezðan* Shr. 103 ff., *eahtatezðan* O. E. T. 177, 11 (*-tezepan* Shr. 105), *tuentezðan* ib. 178,39, *twentizþan* Beda 272, *feówertizþan* Oros. 115, 6. Für die ordinalien zu *hund* und *pûsend* werden umschreibungen angewandt: ducentesimus *sé ðe byð on ðâm tuân hundredum æftemyst* Aelfr. gr. 283, 15, millesimus *sé ðe bið æftemyst on ðûsendzetele* ib. 284, 4.

Für der 22te, 32te etc. heisst es stets mit neutralor form des ersten gliedes (wie auch bei der cardinalzahl) *tuâ and twentizoða* etc.; im dativ flectiert *tuân*: *þâm tuân and prittizoðan zeáre* Chron., *þâm tuân and feówertiz(e)þan wintre* Oros. 115, 6. 116, 10, dagegen *ân* stets unflectiert, *pone ân and twentozoðan dæȝ* Ex. 12, 18, *ðǽm ân and ðritizoðan* Cura past. 419, 6.

Die bildungen mit *eác* scheinen nur im Beda vorzuliegen, sind aber da häufig: s. 27. 51. 55 (2). 57. 73 etc.

Bezüglich der bruchzahlen verweise ich im allgemeinen auf Koch II², 218 (ich trage nur das erstarrte *mid pridde healf hund scipa* Chron. 892 E, - *mancusan* C. D. 3, 361. 363 nach), und füge sonst nur noch die bemerkung hinzu, dass wie im mhd. so auch im ags. restbrüche von der form ²/₃, ³/₄, ⁴/₅ etc. durch *þâ twezen* etc. *dǽlas* ausgedrückt werden können: *hi nâmon þæne þryddan dǽl, and þâ twezen dǽlas hé dyde tô þǽre cyrcean* Saints 3, 287; *ðâ munucas habben ǽlce zeáre þriddan dǽl ðæs fisces and hé ðâ truâ dǽl* C. D. 6, 147; *tǽcan* (3. conj. pl.) *him tô þâm nizoðan dǽle and tôdǽle man þâ eahta dǽlas on truâ* L. Aethelr. 9, 8.

§ 329. 'Singuli' wird von Aelfric gr. 284, 5 ff. durch *ǽnlipize* widergegeben, 'bini' durch *zetwynne oððe twâm and truâm,* 'terni' durch *þrim and þrim,* 'quaterni' durch *feówer and feówer* 'milleui' 254, 15 durch *pûsendfealde* oððe ðúsendum and pûsendum.* In der literatur sind die beispiele selten; zu den von Koch II², 213 gegebenen kann ich noch *twám and twám* Gen. 6, 20. 7, 2, *seofen and seofen* ib. 7, 2 nachtragen.

Dem nord. *prennir* entspricht, vermutlich als lehnwort,[1] *mid prinna .XII.* 'mit drei zwölfereiden' L. Aethelr. 3, 13. Zu *betwih* etc. füge die form *butwuht* (l. *betwuht*?) Boeth. 234, 4, zu *betwix* etc. *betwiux* Cura past. 301, 13 H. — Die länge des *i* von *betwih* steht fest für die anglischen dialekte: Vesp. Ps. 6, 8. 9, 12. 15, 3 etc., 23 mal, ebenso Durh. *betuih, bituih,* Rushw. *bi-, betwih* sehr oft (ich habe mir für Durh. 43, für Rushw. 29 stellen notiert, ohne zu erschöpfen), denn **betwïh* hätte dort durch **bitueoh* zu **bituch* werden müssen. Dagegen herscht gebrochenes *eo* schon in der Cura past., *betweoh* 93, 22. 95, 11. 161, 7. 211, 2. 293, 15 neben dem daraus entwickelten *betwuh* 77, 5. 241, 12. 393, 24. 399, 27, *betuh* 119, 2, und dieses sind überhaupt die normalformen der sächsischen prosa; *betwih* finde ich in dieser — ich habe leider nicht speciell dafür gesammelt, da mir der hier berührte unterschied zwischen anglisch und sächsisch erst zu spät deutlich geworden ist — nur sehr spärlich belegt: Beda 280. Ep. Alex. 284, daneben *betwyh* Beda 79. 281. Boeth. 230, 27. Das letztere kann noch dazu vielleicht als spätere nebenform von *betwioh* betrachtet werden, vgl. das häufige späte *ŵydewe.* In der poesie finde ich auch nur das einzige altertümliche *mid unc twih* Gen. 2253 ohne brechung.

Aehnlich scheinen die verhältnisse auch bei *betweón(um)* zu liegen. Die dativische bildung fehlt dem north. gänzlich (aber *betwinum* Vesp. Ps. 33, 4); es steht dafür in Durh. einmal *bituén* Luc. 22, 17, gewöhnlich *bituien* Joh. 5, 44. 6, 43. 9, 16 13, 22. 15, 12. 17. 19, 24. 21, 23, *betuien* Joh. 11, 56; in Rushw. *betweon* Mt. 11, 11, *betwion* Mt. 23, 35, *bitwion* Mc. 9, 39. Luc. 24, 14. Joh. 6, 43. 52. 13, 22. 34. 15, 12. 17. 16, 17. 19, 24; im Ritual wechseln *bitwén,* z. b. 4, 7. 12, 19. 26, *bitwien* z. b. 12, 36. 13, 32. 15, 13. 66, 1, *bitwien* 6, 4, und *bitwin,* z. b. 51ᵇ. 58, 4 mit einander ab. Diese formen weisen — ich wüsste keine andere

---

[1] Gleich danach 3, 13 begegnet das ebenfalls nordische lehnwort *twezen costas,* von nord. *kostr* (fehlt Bosw.-Toller).

möglichkeit — auf ein accusativisches got. *bi tweihnu, urags.
*bi twihu hin, welches in bituén Ep., bituichn Erf. 546 (bitū
Corp.) noch erhalten vorliegt; daraus muss sich *twihen, *twihon
entwickelt haben, denn nur auf diese formen können Durh.
bituien, Rushw. bitwion füglich zurückgeführt werden; die abweichenden formen des Rituals sind mehrdeutig, beide könnten
aus (dreisilbigem) bitwrien contrahiert sein; doch wäre bitwēn
auch aus *bitwehn für bitweohn zu erklären.[1] — In der poesie
findet sich ein einziges bitweón Crist 1659, zweifelsohne aus
dem anglischen original in die sächsische umschrift übertragen;
der prosa fehlt es nach ausweis der lexica gänzlich.

Betwinam finde ich, abgesehen von der schon citierten stelle
im Vesp. Ps., nur sehr selten; Bosw.-Toller führen nur zwei
späte stellen, Mt. 9, 3. Joh. 13, 3 für betwŷnan an (ein drittes
citat aus Beda bei Lye ist falsch); betwinam Andr. 1105 kann
wieder auf nördlichen ursprung deuten. Ueberhaupt scheint
es mir, dass im sächsischen betweoh und betwcox die vorzugsweise gebräuchlichen formen sind.

§ 330. Bei twio- und ðrifeald findet sich ein ansatz zur
flectierung des ersten gliedes: be twámfealdum bet 'doppelt so
gut' Oros. 113, 37, þrimfealdre sprǽce L. Aethelr. 9, 19, þǽm
þrimfealdan L. Aethelst. 1, 4, þrimfealdum ib. 1, 6. L. Eadg. 9.
Aelfr. gr. 286, 18.

Eine interessante doppelsteigerung zu moniʒfeald findet sich
Ld. 3, 438: ǽr þǽm lyt maneca wǽs on feáwum stówum (storum
Cock.) on swá mielum rice þé be rihtum reʒule lifdon : nǽs þæt
na fealdre þonne on ǽre stówe, seó is Glǽstinʒabyriʒ ʒehǽten;
dies unverständliche na fealdre ist ohne allen zweifel in má-
fealdre zu verbessern, vgl. lenʒlifra oben s. 264.

§ 331 trage twiʒea Ld. 1, 148 H (var. twie) nach.

Pronomina.

§ 332. Hier ist nic Aelfr. Coll. Joh. 1, 21, nice Joh. 18, 17
'nein', eigentlich 'non ego' wie mhd. nein ich, zu erwähnen.

---

[1] Sehr schwierig ist die form twih, tweoh mit got. tweihnai zu vereinigen. Sollte wie in wole oben s. 216 das tonlos gewordene n der
neutralform *twihn einfach abgefallen sein, oder steht twih für *twinh
nach analogie der formen wie ðenʒ, frenʒ, tánc?

Für die in der poesie mehrfach bezeugte auslassung des *and* nach dem dualpronomen (Grimm, gr. IV, 294; *wit Adam* Sat. 411, *wit Scilling* Wids. 103; *unc Adame* Gen. 387, *uncer Grendles* Beow. 2002) finden sich auch prosabelege: *tó uncer Wulfrices ealdgemère* C. D. 3, 416, *healf uncer Brentinges* C. D. 3, 422.

Ueber die vertretung des von einem allgemeinen quantitätsbegriff (*begen, hwelc, ániz, nán* abhängigen gen. pl. *úre* durch possessivpronomina s. Sweet zu C. P. 63, 1 (s. 478) und Cosijn, Beitr. VIII, 573.

§ 336. Von *úre* lautet der gen. pl. oft (wahrscheinlich meistens) *úra*, z. b. Beda 32. 141. 431. Ep. Alex. 526. 530. Eccl. Inst. 30. 36; zu *úser* findet sich auch gen. pl. *ússa* (in prosa z. b. Ep. Alex. 131. Beda 531, 31 Smith).

§ 337. Späte nebenform zu *sē* ist *seó*, z. b. Saints 1, 118. 181. 240. 3, 16. 66. 71. 77. 97. 99. 205 (offenbar nur graphisch von *sē* verschieden). Noch später tritt *þē, þeó* für *sē, seó* ein: *þe* C. D. 5, 126. *þeo* Ld. 3, 234. 248. Für *þǽre* steht spät, z. b. sehr oft in Saints, *þǽra*. Die formen *ðare, ðane, ðæne* sind in jungen texten häufig. *þ gebeorsuiþe. Apoll. ed thorp p. 18.*

§ 338. Gen. dat. sg. f. und gen. pl. lauten in der späteren sprache, z. b. bei Aelfric, *þissere, þissera.*

§ 339. Für *ilca* wird in der Cura past. öfter *illca* geschrieben: 121, 9. 125, 24. 173, 22. 187, 21. 203, 19. 257, 2. 259, 4. 399, 33, so auch Vesp. Ps. 192, 1. Unverkürzte formen begegnen in einem jungen text Ld. 3, 432 ff.: *þæt ilice* 444, *þone ylecan* 432. 434, *þæs ylecan* 444, *þæt ylece* 432. Starke formen: *on þá ilce wise* Haupt gl. 409ᵇ, *þǽre ilcre* 521ᵇ.

§ 342. Es fehlt *hálic* wie beschaffen.

§ 344. Füge noch hinzu -*hwyzo* Ep. Alex. 14, -*hwuzo* Ep. Alex. 160. 582, -*hwezo* Blickl. 115. 117. 207. Ld. 1, 332. Boeth. 90, north. -*hwoczna*. Es gehören dazu auch die adverbia *æthweza* aliquantum, *forhwæza, forhwaza* saltem, *húhweza húhuzu* etwa.

§ 345. Durch zusammenziehung entstehen aus den genannten formen *swæðer* (Boeth. 166. 218. 244. 246. Rect. 5), *swaðer* (C. D. 6, 133) und *swylc*; assimilirtes *swá hwaðer swá* steht O. E. T. 457, 27 (a. 871—89). L. Edg. II, 7 D (*swaðer* A).

§ 346. Es fehlen die formen *áuðer* und *áðer* (schon C. P. 240, 13 C), *áðor* (letztores oft adverb); neben *áhwilc* steht auch *áhwā* Bosw.-Toller 32ª, ntr. *áhwæt* Germ. 23, 393ᵇ.

§ 347. *zehrā* hat auch bisweilen gen. dat. sg. f. *zehwǽre*, Grein I, 414. Haupt gl. 410ᵇ. Neben *ǽzhwæðer* fehlt die verkürzung *ǽzðer* (schon C. P. 189, 3. 205, 6. 263, 12. 275, 4), die namentlich als conjunction gebraucht wird.[1] Ueber verstärktes *ǽfre ǽlc* = engl. *every* s. Napier, Wulfstan s. 66, das von Grein I, 61 bezweifelte *ǽthwā* Pa. 15 wird durch *ǽthwǽm* Inst. Pol. 7 gesichert. Ausser dem schon von Kluge beigebrachten *welhwylc*, *samhwylc* fehlt noch *zewelhwylc* Bosw.-Toller 465ª. Laws s. 412 (das adv. *zewelhwǽr* auch Inst. Pol. 14. 25).

Für 'alles' ist *ǽlcuht* Oros. 113, 26 aus *ǽlc nuht* zu notieren.

§ 348, 2 fehlt *náðer* (C. P. 59, 20. Boeth. 238. L. Aethelst. 1, 23); *náuht* ist ntr., *ðæt náwht* Cura past. 299, 6; doch pl. *náuhtas* Boeth. 182. 192; ausserdem stehen für 'nichts' oft *nán þinз* (*náþinз* Germ. 23, 395ᵇ) und *nán wiht*, *nuht* (daraus *nánuht* Oros. 44, 37. 73, 36. 78, 21. 86, 25. 114, 44. 116, 22. 121, 4. 133, 9. Beda C 171. 191. 206. 273. Ld. 1, 384. Conf. Ecgb. 39.

Verba.

§ 351, 5. Spät findet sich auch ein dem lateinischen nachgebildetes participium necessitatis: *tō dôndum* faciendis Ld. 3, 184. 188 etc.

§ 357. Hier wäre der mit dem pronomen verschmolzenen formen zu gedenken gewesen, vgl. § 202, 5. Sie sind im ganzen nicht häufig. Verhältnismässig oft erscheint *wénstu* Cura

---

[1] Es ist mir sehr zweifelhaft, ob *dæзþerlic*, *dæзþerne*, *nihlerne* mit recht zu *hwæðer* gestellt werden (Bosworth-Toller 194, Platt, Anglia VI, 174). Man begreift zwar ein adv. *dæзhwǽm* 'täglich', das daraus abgeleitete adj. *dæзhwǽmlic* und das wider danach gebildete neue adverb *dæзhwǽmlice* in ihrer beziehung zu *zehwā*; aber was sollen *dæз-þerlic* hodiernus, *dæзþerne*, *nihlerne* 'einen tag, eine nacht lang' mit *hwæðer* oder *zehwæðer* zu tun haben? Sie könnten doch nur bedeuten 'jeden von beiden tagen, jede von beiden nächten'. Und wie wäre bei Platt's ableitung der plural *nyhlernum* 'for some nights' Ld. 3, 16 zu erklären?

past. 63, 1. 113, 25. 231, 23. 425, 1. 459, 10. Luc. 1, 66, *wênsðu* Mt. 24, 215, *wênestu* Cura past. 405, 12.

§ 359. 371. Die behandlung der endsilben der 2. und 3. sing. ind. praes. der langsilbigen verba, namentlich der starken, bildet ein wichtiges kriterium für die dialektscheidung. Im anglischen sind, wie im text bereits angedeutet, die umgelauteten formen mit synkope des endungsvocals durchgehends durch neubildungen ohne umlaut und mit *-es(t)*, *-eð* ersetzt. Diese neubildungen dringen auch in das sächsische ein, aber es ist nicht richtig, was die anm. zu § 371 besagt, dass sie in allen jüngeren denkmälern überwiegen. Bei Aelfric herschen z. b. noch die kürzeren formen ebenso wie in der Cura pastoralis. Dem durch Aelfred und Aelfric repräsentierten strengws. dialekt können folglich diejenigen denkmäler nicht gut zugeschrieben werden, die sich der älteren formen mehr oder weniger enthalten. Dass es sich dabei nicht um einen zufall handelt, geht daraus hervor, dass diese texte meist auch in anderen punkten von dem strengws. canon abweichen. Ich kann die frage hier nur aufwerfeu, nicht im einzelnen ausführen, begnüge mich also zu bemerken, dass nach meiner überzeugung diese texte dem östlichen teile des sächsischen sprachgebietes zufallen.[1] — Das kentische geht, nach den kent. gl. zu urteilen, in dieser beziehung mit dem strengws., s. Zupitza bei Haupt XXI, 16 f.

_____

[1] Fast die gesammte poesie steht in diesem punkte auf der seite des anglischen, d. h. die umgelauteten kürzeren formen treten hinter den neugebildeten ganz zurück. Nur in den Metris, die zweifellos von einem Westsachsen auf grund eines ws. prosatextes bearbeitet sind, nehmen die kürzeren formen ein grösseres gebiet ein. Ein grosser teil der poesie ist ja nun zweifellos anglischen ursprunges (Cynewulf); aber soll man nun unsere gesammte überlieferung zu einer umschrift anglischer originale machen, sollten bei dieser umschrift nicht öfter die typisch ws. formen in den text geraten sein? Hat man nicht vielleicht mit mehr recht anzunehmen, dass in der dichtung diese längeren formen als die feierlicheren, namentlich dem versausgange oft einen volleren abschluss gewährenden, auch von den Westsachsen gebraucht worden seien, mit andern worten, dass man die existenz einer von der prosasprache bewust abweichenden dichtersprache anzuerkennen habe? Eine eingehende untersuchung über dialekt und herkunft der einzelnen dichtungen müsste hier wol zu einer entscheidung führen.

Es geht übrigens mit der behandlung der 2. 3. sing. die
der participia praeteriti der *ja*-verba auf *d, t* vollkommen hand
in hand; die in § 402. 406 ungenau gegebene regel ist nämlich
(vgl. schon ähnlich Cosijn, Taalk. Bijdr. II, 156) so zu fassen:
Im strengws. verkürzen die verba auf *d, t* regelmässig (wenn
auch nicht ausnahmslos) sowol in unflectierter form als vor
consonantisch anlautender flexionsendung, während die übrigen
dialekte hier den vocal wahren. Ich lasse einige belege für
die gekürzten formen namentlich aus der Cura past. folgen[1]):
töbrædd C. P. 171, 4*, *zebrædd* 251, 13*, *zecîd* 123, 9*, *underðîdd*
51, 13*, -*ðiéd* 113, 19, *zeeáðméd(d)* 35, 6*. 299, 12, *aféd(d)* 55, 5*.
381, 7*, *zehlýd* 91, 25, *zenié'd* 81, 5. L. Aelfr. II, 1, *zenéd* C. P. 467, 20;
unzebét 211, 7*, *onhét* 411, 7, *zelett* 257, 1*, *zemét* 385, 25, *zenét* 111,
6. 189, 16, *zeandet* Serm. Lupi 45, 9, *zesett* C. P. 77, 13. 119, 22*. 319,
21*, *aset* 79, 10, *besett* 195, 19; nach consouanten: *äblend* 69, 16. 241, 3
(*äblænd* Aelfr. Ep. past. 21), *zepynd* 277, 6, *zescynd* Mt. 20, 28, *send*
C. P. 213, 6. Mt. 5, 25, *onwend* C. P. 181, 11, *onbryrd* 423, 22, *bezyrdd*
171, 5*, *zewird* 69, 3; *zesylt* Mc. 9, 49 (2). Luc. 14, 34. Ld. 1, 146;
zeryht C. P. 279, 22, *átyht* 293, 13. 301, 19, *befæsð* 321, 14*, *ämæst*
381, 3; vor consonantisch anlautender endung: *zescrýdne* Mt. 11, 8.
Mc. 5, 15. Luc. 23, 11, *zescrýddne* Luc. 7, 25. 8, 35, *zescridne* Aelfr. Ep.
past. 15, *behýddre* Aelfr. gr. 278, 4, *underðié'dra* C. P. 147, 1, *zepeóddra*
Hpt. gl. 414ª; *zebétne* Luc. 23, 16, *zerétne* Boeth. 76, *ärétne* 246, *zeselne*
C. P. 441, 31, Aelfr. Ep. past. 31, *zewlétne* Boeth. 192; *zescieudne* C. P.
229, 21, *zewildne* 218, 21, *äheldne* Hpt. gl. 458ᵇ, *antendne* 464ª, *äwendre*
409ᵇ, *unzewyldre* 414ª, *zehæftne* C. P. 193, 10. Mt. 27, 16, *befæstne*
Haupt gl. 479ª.

§ 359, 1—5. Auch hier sind einige kleine nachträge zu
machen. Die erste hälfte der regel no. 2 gilt auch für die
wörter in denen dem *d* ein vocal vorausgeht; vgl. beispiele wie
bilst Mc. 6, 23. Joh. 4, 9. 11, 22. Saints 7, 193, *bytst* ib. 3, 513, *bebýtst*
Aelfr. gr. 219, 15, *ondrætst* Gen. 22, 12. Luc. 23, 40, *zeeádmétst* Mt. 4, 9.
Luc. 4, 7. 8. *zefrétst* Saints 4, 147, *hlætst* Ex. 4, 9, *liétst* Gen. 6, 11.
Ex. 3, 12, *rétst* Luc. 10, 26. Aelfr. gr. 125, 1, *snítst* Ex. 29, 17; für erhaltung des *d* nach consonanten habe ich notiert *ze-*, *unbindst* Mt. 16, 19,
äblendst Saints 4, 148, *lödindst* Aelfr. gr. 107, 8, *findst* C. P. 331, 5 II,
yldst Eccl. Inst. s. 467, für verhärtung *fintst* C. P. 330, 5 C. Mt. 17, 27.
Saints 3, 559, *äziltst* Ex. 34, 6, *hyltst* Ld. 3, 436, *zchiltst* Ex. 34, 6,
heltst Boeth. 94, *healtst* Gen. 17, 9, *weltst* Boeth. 128, *andwyrtst* Mt. 26, 62;
für ausfall *finst* Boeth. 64, *äzylst* Mt. 5, 33, *healst* Saints 5, 266 (*hyltst* C,
hyldst V), *onsenst* Ld. 1, 158, *understenst* Boeth. 38, *welst* Boeth. 128,

---

[1]) Die besternten citate sind schon von Cosijn a. a. o. gegeben.

weałst Germ. 23, 395ᵇ; so auch mit ausfall eines ursprünglichen *t smylst* Ep. Alex. 734. Analoge verhärtung von *з* in *bryncð* bringt, Luc. 3, 9, *sprincþ* Boeth. SS. Oros. 17, 29. Ld. 3, 268.

Bei wörtern auf *s* lautet im falle der verkürzung die 2. person bisweilen der dritten gleich: vgl. 2. personen wie *þû zecŷst* zu *ceósan* Gen. 13, 9, *þû cyst* zu *cyssan* Aelfr. gr. 144, 15, *ðû ālést* zu *ālésan* kent. gl. 883, *þû wyxt* zu *weaxan* Gen. 17, 6 mit 3. personen wie *beclŷst* Luc. 13, 25, *cyst* kent. gl. 192, *tôcwŷst* Luc. 20, 18, *ālŷst* Joh. 8, 32. 36, *forlŷst* Luc. 15, 4. 8, *ārist* Mc. 10, 34. Luc. 18, 33. 21, 10, *zerist* Aelfr. gr. 207, 6, *wext* Gen. 2, 11 etc. etc. Selbst bei verbis auf *st* kommen solche verkürzungen vor, *þû anderhlyst* zu *hlystan* Aelfr. gr. 151, 3, *þû rest* zu *restan* Eccl. inst. s. 468, 16.

c wird vor *st* und *ð* in späteren texten bisweilen zu *h* in *técan* : *téhst* Aelfr. gr. 148, 5. Boeth. 206, *téhð* Aelfr. gr. 148, 5, *betéhð* Luc. 16, 11 neben dem gewöhnlichen *técst, técð*. Zu *ypt* no. 5 vgl. *ficht* flicht Boeth. 234.

§ 363, 1. Es fehlt die späte endung -ende: *tô bezytende, ābrecende, ārendenda* C. D. 6, 202, *tô ofsleánde* Joh. 7, 25.

§ 365. In späterer zeit dringt die indicativendung in die 2. sg. opt. pract. der schwachen verba ein: *sealdest, forstâwodest* Boeth. 28, *zerehtest* 208 C, *wistest* Luc. 19, 42. Joh. 4, 10, *fyligdest* Saints 3, 211, *woldest* 3, 628, *mihtest* 6, 307. C. D. 3, 327, *cûðest* Saints 7, 123, *sealdest* Beda 200.

§ 371, anm. ist der schluss des ersten absatzes nach oben s. 273 f. zu berichtigen; ausserdem hinzuzufügen, dass doch auch die verba mit *e*, namentlich die auf einfachen consonanten, sehr gewöhnlich *e* annehmen: *wefð* Aelfr. gr. 104, 13, *sprecst* 145, 16. 185, 13, *sprecð* 185, 13, *berst* 199, 6, *berð* 199, 7, *etst, et* 200, 13 etc.

Die verba mit brechungs-*ea* zeigen in den jüngeren texten nicht selten synkope des endsilbenvocals ohne umlaut der wurzelsilbe: *fealst* Ld. 3, 212, *fealð* Ld. 3, 150. 204. 276. Boeth. 14. Duns. 5 (Laws s. 151). Luc. 11, 17. 14, 5; *heallst* Gen. 17,9, *heall* Boeth. 18. 38. 58. Inst. Pol. 21. Poen. Eegb. 1, S. 10. 12. Rectit. 5, 7. Gen. 28, 20. Luc. 11, 21. Joh. 8, 51. 52. 9, 6, *weall* Boeth. 160. 234. (Gen. 45, 26. Inst. Pol. 25, *weaxð* Cura past. (!) 457, 12, *weaxt* Boeth. 118, *wext* Gen. 2, 11 (s. oben s. 212). So auch bei *eá* in *heátst þû* Num. 22, 28. Job. 18, 23. Sonst sind synkope und umlaut so viel ich sehe unzertrennlich, ausser in dem durch kent. gl. repräsentierten dialekt, wo nicht nur altes *io* unumgelautet bleibt (mit ausnahme von *aflið* 670), sondern auch die verba mit *e* dasselbe behalten, Zupitza s. 16 f. Die verba der VI. ablautsreihe behalten im imp. sg. das *a* gerne bei. So finde ich im ws. immer nur *far* Aelfr. gr. 193, 10. Gen. 12, 1. 13, 9. 17. 19, 15. 27, 9 etc. Ex. 4, 12. 19. 10, 28 etc. (gegen *fer* Vesp. Ps. 10, 2) und ebenso *wiðsac* Saints 8, 106. 109; auch (*ā*)*scaf* Ld. 2, 92. 3, 14 neben (*ʒe*)*sceaf* Ld. 1, 344. 352 (*scaf* B). 2, 132. 296 und (*he*)*scæf* Ld. 3, 18.

§ 372, absatz 2 streiche *weaxan* (oben s. 212), dafür ist vielleicht *hrêsan* einzuschalten, s. zu § 396.

§ 373 fehlt *fleán* in der aufzählung der verba contracta.

§ 375 ff. Die 2. ind. sg. pract. verliert späterhin bisweilen ihr *e* vor dem pronomen *þû* : *drunc ðû* Aelfr. gr. 226, 12, *ǽt ðû* ib. 226, 13, *seór þû* Mt. 13, 27, (*be*)*cóm þû* Mt. 26, 50. Joh. 6, 25; vgl. auch das kurzsilbige *hræt druh þû* Seel. 17 Verc. (*druʒuþû* Ex.).

§ 382. *cídan* ist mit Kluge, Anglia, anz. V, 85 zu streichen; auch ich kenne nur schwache formen. Von den im nachtrag s. 166ᵃ gegebenen verbis wird *scítan* als stark durch das part. *bescíten* cacabatum Cot. 189 Lye erwiesen; zu *sícan* gehört das praet. *onsâc* Boeth. 92. 238; für *strícan* und *ðwínan* fehlen mir entscheidende belege: inf. *þwínan* Ld. 2, 162. 212, 3. pl. *þwínað* 2, 282, 3. sg. *þwíneþ* 1, 84. Die bedeutung dieses verbums ist übrigens nicht 'schwinden' wie Cockayne annimmt (der es offenbar als nebenform zu *dwínan* auffasst) sondern 'weich werden', vgl. das häufige causativum (*ʒe*)*þwǽnan*. Die ursprüngliche bedeutung von *scrífan* ist vielmehr 'vorschreiben, anordnen'. Nach *cnídan* ist das fragezeichen zu tilgen: *forcnád* Ps. Sp. 104, 15, *cnídun* Mt. 21, 35 Rushw. etc.; es ist wahrscheinlich nur eine nebenform zu *ʒnídan*, vgl. *ʒecníd* Ld. 1, 78, *ʒeʒníd* BO; *cníd* 1, 84, *ʒníd* B etc. Zu *blícan* vgl. auch *âblícan* dealbare (*beó âblícen* dealbabor Bl. gl.). Für *snícan* fehlen mir beweisende belege, denn auf *snícan* C. P. 311, 1. Ld. 3, 34, *snícað* Beda 429 ist nicht zu viel zu geben, da auch bei einem schwachen *snícan* der palatal nicht notwendig durch nachfolgendes *e* angezeigt zu werden brauchte. — Für *mizan* beweist *zemâh* Ld. 1, 364; *tôcinen* (Kluge a. a. o.) steht auch Haupt gl. 529ᵃ; hinter *ārisan* ist *zerisan* 'geziemen' einzuschalten (*zerâs* Guthl. 1087); zu *scrîðan* beachte das unregelmässige part. *scriðen* Guthl. 1012.

Eine parallele zu dem schon von Kluge angeführten *rân* zu *rînan* regnen, ist *ofersnâð* Saints 2, 4 zu *ofersnîðan* (sonst auch in diesem texte schwach, *ofersnîðdon* 11, 27, part. *ofersnîðod* 4, 66). Sonst gehören noch mit mehr oder weniger wahrscheinlichkeit hierher *dritan* cacare (*zedritǫ* Ld. 1, 364, altn. *drita*), *fizan* frigere (part. *afzaen* frixus Ep. 414 = Corp. 918), *cnîðan?* anhängen (*ætcliðende* adhaerentem Beda gl. O. E. T. 181, 64, vgl. *cliða* malagma), *hlifan?* drohen (*hlibendri* minaci Corp. 1317), *hnînan* zischen (*hnînende* Wids. 127, altn. *hnína*), *tican?* behandeln, heilen (inf. Ld. 2, 60). Auch *clifan* stv. wird wol von Grein II, 305 nach der 3. sg. *ôðclifeð* Crist 1267 mit recht angesetzt; herr Platt weist mir dazu den pl. *clifað* C. P. 360, 17 nach.

Besonders interessant ist das verbum *ripan* ernten, dessen zugehörigkeit zur *i*-klasse durch 3. pl. pract. *ripon* Oros. 90, 33 L., *zeripon* Chron. 896 festgestellt wird. Das präsens lautet ws. *ripan*, z. b. inf. C. P. 285, 24. Gen. 45, 6, und dies darf man nach dem ntr. *riip* ernte Beda 98 wol als *ripan* ansetzen. In den anglischen dialekten aber ist das *i* kurz und erfährt demnach unter umständen *u*- und *o*-umlaut: Vesp. Ps. sg. 3. *ripeð* 128, 7, aber pl. *reopað* 79, 13. 125, 5; im Durh. inf. *zehrioppa* Joh. 4, 38, 3. pl. *rioppas* Mt. 6, 26, *hriopað* Luc. 12, 24, aber sing. 1. *hrippo* Mt. 25, 26, sing. 2. *hripes* Mt. 25, 24, *hrippes* Luc. 19, 21; sg. 3. *hrippes* Lc. 19, 22 (und mit übertritt in die 2. schwache klasse *hrioppað* Joh. 4, 36. 37; oder ist ein fehlerhaft gesetzter plural anzunehmen?); im Rushw. inf. *hriopan* Mt. 12, 1, pl. 3. *riopað* Luc. 12, 24 neben sg. 1. *ripe* Mt. 25, 26, sg. 2. *ripes* Mt. 25, 24. Luc. 19, 21, sg. 3. *ripes* Luc. 19, 22, *ripeð* Joh. 4, 37, pl. 3. *riputh* Mt. 6, 26; 3. conj. *ripe* Joh. 4, 36.[1]) Das verbum gehört also zu der ursprünglich endungsbetonten klasse, zu welcher Kluge, Anglia, anz. V, 85 mit recht *leoran* aus **lîzan* (part. *zeleorene* Ruine 7) zieht. Vermutlich ist ausserdem auch

---

[1]) Sonderbar der dat. *zerepe* Ld. 3, 252 neben häufigem *zcrip* ernte.

noch ein ebensolches verbum *wīsan* (mit unregelmässigem *s*)
anzusetzen, zu dem das präsens *tôweosende* nutabuuda Haupt
gl. 459ª und das von Paul Beitr. VI, 240 und mir § 391, anm. 1
fälschlich zu *wesan* gezogene part. *forweorone* Ruinc 7, *forworen*
decrepita Haupt gl. 456ª gehören (vgl. *forwisnian* und Schade,
ahd. wb. unter *vis* und *wisan*).

§ 383, anm. 4. Ich gebe hier etwas reichlichere prosabelege für das verbum *seón* seihen, zu dem Kluge bereits a. a. o.
das part. *āsiwen, āseówen* Ld. 2, 26 nachgewiesen hat: praes. sg. 3.
sîid Erf. 384 = Corp. 600, *sihð* Ld. 3, 48, *sȳhð* Ld. 2, 132; conj. sg. 3.
siö Ld. 2, 12, imp. *āsih* Ld. 3, 20 (3), *(ā)seóh* Ld. 2, 18. 24. 34. 38. 52 etc.,
āseohhe Ld. 2, 258, part. *siendan* Ld. 3, 48, *seóndum* Ld. 2, 10. 102. 300.
314, *seóndre* Ld. 3, 70, *ûtsiönde* Oros. 29, 38; part. praet. *āsiwen* Ld. 2,
124* (für *āsiéwen* mit *i*-umlaut?). 256, *āsiwenes* Ld. 2, 84, *āseówenes*
Ld. 2, 220, *besewen*? C. D. 4, 278 (Schmid, Gesetze 659ª).

§ 384. Das verbum *heófan* ist nicht ohne weiteres hierher-
zusetzen; das präsens ist öfter belegt, Grein II, 62. Bosw.-Toller
528ª (*hie hióßen* C. P. 393, 30, *hióßende* Vesp. Ps. 34, 14). Im
praet. sing. steht *hóf* Gen. 771, aber das ist sicher stehen gebliebene altsächsische form, kommt also nicht in betracht, im
plural *heófon* Sat. 344, *heófun* Luc. 23, 27 statt des zu erwar-
tenden **hufon*. Man setzt für diese praeterita gewöhnlich ein
reduplicierendes praesens *heáfan* an, welches nirgends belegt
ist (so auch Kluge, Beitr. zur gesch. der germ. conj. 86. Osthoff,
Morph. unt. IV, 333). Dagegen findet sich ein praet. *heófdun*
Luc. 7, 32 und ein vollständiges swv. *heófian* nach der II. klasse.
Ich vermute danach, dass die ursprüngliche flexion des verbums
im ags. eine gemischte war, *heófan — heófde* (s. unten zu
§ 391, 1), und dass die unregelmässigen starken praeteritalformen durch einwirkung der schwachen (*heófdun*) entstanden
sind. — Als gegensatz zu *ðreótan — ðroten* beachte das isolierte
part. *āþrūten* in *bið ... þæt heáfod āþrūten and sâr* Ld. 2, 218
= altn. *þrútinn* 'swoln, oppressed' (wozu auch got. *þrūtsfill*
= ags. *þrūstfel* oben s. 254; Osthoff's identificierung von altn.
þrútinn und *þrotinn*, Morph. unt. IV, 207, kann ich mich nicht
anschliessen). — Nur north. *smīca* setzt schwache flexion voraus;
für's westsächsische vgl. das praet. *smeác* Ex. 19, 18. — Die
verba *fleógan* und *fleón*, die in vielen formen von vorn herein
zusammenfielen, geraten in der späteren sprache durcheinander.

So finde ich von *fleógan* : *flión* Bocth. 174, *fleón* Ld. 1, 128. 3, 214. 272, *fleóð* Ld. 3, 272. Saints 1, 54, *fleóndre* uolante Blickl. gl., umgekehrt von *fleón* : *tô fleózanne* Ld. 2, 26, *fleóze* Jud. Civ. Lund. 12, 1, *fleóz* Ld. 1, LVIII. Zu den verbis auf *w* ist darauf aufmerksam zu machen, dass sie abweichend vom deutschen [1]) im part. praet. *o* haben: *zebrowen* Oros. 22, 17. Hom. 1, 352, *twybrowenum* Ld. 2, 120, *zecowen*(*c*) Ld. 2, 36. 228, *becowen* Secl. 111; ebenso von dem in meiner liste fehlenden *þreówan* agonizare (Cot. 140. 194 Lye) *áþrowen* Andr. 1427.

Bei der bemerkung über north. *speofta* (praet. *speaft* Mc. 8, 23 Durh., *speoft* Rushw., pl. *speofton* Mt. 27, 30 D., *speoftun* Mc. 15, 19 R., *speafton* Mt. 26, 67. Mc. 15, 19 D) hatte ich das part. *zespeoftad biþ* Luc. 18, 32 übersehen. Wir haben es also wol mit einem ursprünglich schwachen verbum der *ai*-klasse, praet. **speófte*, pl. *speóftun* zu tun, das später im sing. praet. die starke form *speóft*, *speáft* entwickelte. — Die zweifel Kluge's bezüglich *leóðan* und *reóðan* sind berechtigt, dem praesens und praet. sg. gebührt *d*; die allein belegten formen sind *liódende* Gen. 182, *reódan* Ex. 412; ebenso ist aber auch *hreóðan* in *hreódan* zu ändern: ich hatte mich durch Grein zu dem ansatz *hreóðan* verführen lassen und nicht beachtet dass Gen. 2931 *onhreád* überliefert ist (Grein ändert in *onhreáð*). Das einzige verbum auf *ð* in dieser klasse welches den grammatischen wechsel noch erhalten hat, ist also *seóðan*; denn in *ábreóðan* ist das *ð* auch in den plur. und das part. pract. eingedrungen, Bosw.-Toller 4ᵘ.

Ist *hê zefnese* Ld. 2, 282 für *zefneóse* verschrieben? Vgl. *fneósunz* und *fnora*.

Nicht klar ist mir das verbum *cneodan — cnodan*; an belegen finde ich 3. sg. *cneodeð* Beda 159 (522, 24 Sm.), 3. pl. *cnoduð* C. P. 111, 3 in beiden hss., part. praet. *zecnoden* Metra 1, 32. Cosijn, Taalk. Bijdr. II, 155 setzt das wort fragend als *cnódan* reduplicierend an, was nicht gut angeht, wenn die

---

[1]) Doch setzen die mhd. formen *geblouwen, gebrouwen, gerouwen* ein ahd. **giblowan* etc. statt des allein belegten *giblu*(*w*)*an* etc. voraus. Vom part. müssen doch wol die bekannten mhd. unregelmässigkeiten ihren ausgang genommen haben.

stelle im Beda richtig überliefert ist. Am wahrscheinlichsten
dünkt mich die annahme, dass *cnôdan — cneúd — cnoden* anzusetzen ist, d. h. dass das praesens ursprünglich endungsbetont
war; *cneódan* wäre dann spätere angleichung an den typus
der regelmässigen wurzelbetonten verba. Was ist Gen. 2078 *berofan* 3. pl. pract., synonym mit
bestrudan? Ist es für **berufan* verschrieben, das sich zu dem
part. (*be*)*rofen* stellte? Grein setzt unter verweis auf lat. *rapere*
ein stv. *rafan* an; aber der von ihm angezogene inf. *ārafan*
ist falsch; an der betreffenden stelle C. P. 245, 21 steht die
3. sg. *ārafaδ*, dazu part. *arubfdxm* d. h. *arafedum* kent. gl. 1065
(s. Zupitza zur stelle), das verbum ist also schwach *ārafian*.

§ 385. Nach *sûcan* fehlt die nebenform *sûzan* (*sûze* 3. conj.
C. P. 125, 12, *forsozen*(*um*) Ld. 2, 158. 186, *āsozone* Ep. Alex.
384). Für *scûfan* bieten späte texte auch *sceûfan*, *sceófun* : *ic
sceûfe* Aelfr. gr. 137, 11, *sceófe* 171, 1, *sceûfan* inf. Gen. 41, 10,
besceófan Saints 7, 219. Hinzuzufügen ist *hrûtan* stertere (*ic
hrûte* Aelfr. gr. 168, 11, *hrûtende* Räts. 36, 8, altn. *hrjóta*).

§ 386. Neben *crinzan* ist *crincan* Grein I, 169. 387, neben
scrincan auch *scrinzan* anzuführen: *forscranz* Sp. Ps. 128, 5,
zescriunzon Mt. 13, 6 Durh., *ziscrunzenra* Job. 5, 3 Rushw. Für
slincan (s. die nachträge) ist starke flexion durch *scluncon* Ep. Alex.
320 bezeugt. Zu *swinzan* begegnet ein altes part. *sunzen* Sweet
O. E. T. 177, 9. Neben *climban* steht auch *climman* : *oferclomm*
Oros. 68, 16. Nachzutragen sind *crimman* inscrere (imp. *crim*
Ld. 2, 132, praet. *cram* Germ. 23, 401ᵇ, part. *ācrummen* farsa
Corp. 843) und *scrimman* in *scrimme* and *scrince* Ld. 2, 6, vgl.
das causative *ne scremme* þú *blinde* nec coram caeco pones
offendiculum Levit. 19, 14.
Zu *rinnan* (s. die nachträge) ist zu bemerken, dass doch auch
in der bedeutung 'gerinnen' formen mit metathesis vorkommen,
wenn auch selten: *zeurnen* Ld. 2, 230. 272. 3, 278; und dass
dem causativum *ærnan* 'laufen machen', auch *zerennan* 'gerinnen machen' zur seite steht (imp. *zeren* Ld. 3, 18).
Spincendre scintillante Haupt gl. 429ᵇ ist wol in *spircendre*
zu bessern.

§ 387. Zu den verbis mit *ie* gehören vermutlich noch
scielfan schwanken (*scylfδ* Inst. Pol. 4, s. 423. 424, altn. *skjálfa*)

und *sciellan* schallen (*scyllendre* concrepante Haupt gl. 518ᵇ, ahd. *skellan*, altn. *skjalla*, *skella*). — Praesensformen von *scolcan* sind *āseolce* C. P. 275, 20, *āseolcan* inf. Hom. II, 592, *āsealcan* Gen. 2167, *unāseolcendlicum* Haupt gl. 485ᵇ (*-seocl*-hs.). Wie dieses geht noch *meolcan* melken: praes. *milciþ* Ep. 628, part. *meolczende* Blickl. 93, 32, inf. *melcan* Ld. 2, 142, praet. *mealc* Shrine 61 (Platt), part. *ā-, ʒe-, niʒemolcen* Ld. 2, 112. 188. 202. 218. 222.

Zu *feolan* anm. 2 notiere ich die belege *ætfulʒon* Blickl. 201, 18, *befulʒe* Beda 439 B.

Zu einem verlorenen *cwellan quellen gehört das adj. *collenferhð*; ob auch *wollenteáre* Beow. 3032 zu *wellan oder zu *weallan*?

§ 388. Die erklärung von *ʒierran* ist nicht richtig, ohne umlaut müsste die form *ʒeorran* lauten, wie z. b. auch Grein I, 501 zu dem in der poesie allein belegten pl. pract. *ʒurron* Andr. 374 ansetzt. Als praesens steht aber dazu *ic ʒyrre* Aelfr. gr. 214, 15, und dies weist auf praesensbildung mit *ja* hin. — Für *seorðan habe ich bisher nur einen beleg gefunden, den north. imp. *serð* Mt. 5, 27, mit derselben unregelmässigkeit des praesensvocals wie altn. *serða* (statt *sjarða).

Für *beorcan* s. jetzt belege bei Bosw.-Toller 85ᵇ, für *deorfan* ib. 202ᵇ. 384ᵇ (dazu *dyrfð* 2 mal Ld. 3, 151); *steorfan* kommt auch im praes. vor: *hé styrfð* Ld. 3, 188, *ʒif hrýðera steorfan* Ld. 3, 54.

Nachzutragen sind *ceorran knarren (pract. pl. *curron* Ld. 3, 32, *cweorran im part. *ācworren* crapulatus Sp. Ps. 77, 71. Blickl. gl. (vgl. *metecweorra* Ld. 3, 60), *smeortan in *fýrsmeortendum* Oros. 29, 30, *sneorcan im praet. *ic ʒesnerc* excidi Vesp. Ps. 30, 13, *fleohtan im part. *flohtenfôte* 'webfooted' Ld. 2, 88.

§ 389. *streʒdan* ist im Vesp. Ps. oft als regelmässiges stv. belegt (z. b. pract. *ðu tôstruʒde* 43, 12·, sg. 3 *tôstreʒd* 111, 9. 200, 15, conj. *tostruʒde* 105, 23. 27, part. *tôstro(ʒ)den* 21, 15. 58, 16. 67, 2. 91, 10). · Im north. besteht das part. noch unbeanstandet fort, (*tô*)*strozden* Mt. s. 1, 7. cap. 24, 2. 26, 31. Mc. 3, 25. 13, 2. Luc. 21, 6 D., Mc. 3, 25. 13, 2. Luc. 21, 6 R. Als praet. begegnet stark *tôstrœʒd* Luc. 1, 51 DR, daneben *ic struʒde* Mt. 25, 26 D, *strœʒde* R, 2. sg. *ðú struʒdes* Mt. 25, 24 D

3. pl. *strægdun* Mt. 21, 8 (2) R. Ob *strédun* Mc. 11, 8 hierher
oder zu ws. *streówian* gehört, ist zweifelhaft. In der ws. prosa
aber scheint das wort nur schwach vorzukommen, wenn man
von einem vereinzelten part. *strozden* Blickl. 133, 33 und praet.
sg. *stréd* Beda 126 absieht, wo die hs. B die variante *bedráf*
hat, welche offenbar die ungeläufige form ersetzen sollte. Dass
Aelfred selbst schon das wort schwach flectierte, ist aus der
3. sg. *tóstrêt* C. P. 283, 19 (*tóstrett* C) zu schliessen, denn in
starker flexion müsste es *strit* lauten, vgl. *wiðbritt* 71, 8 von
bregdan. Belege für schwaches praet. und part. sind z. b. *ic
strédde* Mt. 25, 26, *bestréddon* Beda 163, part. *gestréded* Ld. 1,
370, *gestréd* Ld. 1, 276, *zindstréd* Ld. 1, 252. 264, pl. *tóstrédde*
Ld. 3, 214.

Zu *friznan* trage nach *frunnon* Beda 266, *frinnendum* 304,
ðú *frinne* 355; *befrinon* 3. pl. conj. praet. Blickl. 205, 20; *fræzin*
Beda 273. 300; *frenz* Beda 200, *zefrenz* Ld. 1, 326 B, *zefrunzon*
Beow. 666; part. *zefrægen, zefrezen* Grein I, 401.

Murnan hat auch praet. *murnde* Andr. 154; statt *spurnan,
spornan* findet sich doch einmal die späte neubildung *þú
ætspeorne* Luc. 4, 11 mit der variante *ætsporne* A.

Gehört hierher auch der inf. *forcuuolstan* schlucken Ld. 2, 48?

§ 390. Die formen *scær* Beow. 1526. 2973, Reiml. 26, *scéron*
Jud. 305 können nicht als echt ws. betrachtet werden (vgl.
oben s. 210); hier gilt nur *scear, sceáron* (*he sceáre* C. P. 139,
25, *besceáron* Oros. 96, 37), und ebenso gebührt dem praes.
eigentlich nur *ie* (*scieran* C. P. 139, 12, *tó scirunne* Gen. 38, 13,
zè sciron Lev. 19, 27, *besciran* Jud. 13, 5, *bescire, bescyre* L.
Aelfr. 2, 35; erst bei Aelfr. gr. 157, 10. 170, 17 begegnet *ic scere*,
an beiden stellen aber mit der variante *scyre*). — Tóbrecenre
gen. sg. f. Ld. 2, 156 für *tóbrocenre* möchte ich für einen fehler
halten. — Das praesens zu *zeðworen* (*zeþworen fliéte* butyri
serum Cot. 168) fehlt nicht: *úþwer* Ld. 2, 112, *áðwere* 3. conj.
Ld. 3, 24, *zeþwere* Ld. 2, 264; *hamere zeþuren* Beow. 1285. Räts.
87, 1 ist hiervon zu trennen, da *þweran* nur 'rühren' bedeutet;
mir ist Grein's vermutung, dass dafür *zeþrúen* zu lesen sei,
recht wahrscheinlich (vgl. unten zu § 405, 6).

Vielleicht gehört hierher noch *hwelan* tosen (*hwileð* Andr.
495) und *striman* in-, obniti (*strimaendi* Ep. 695 = Corp. 1404,
strimendi Corp. 1132).

§ 391, 1. Von *drepan* begegnet auch ein part. *dropen* Beow. 2981.

Nachzutragen ist das starke praesens *plezan* (inf. Aelfric Laws s. 465. Gen. 2778. El. 245. Räts. 43, 2, *ic pleze* ludo Aelfr. gr. 170, 16; *plezaŏ* 3. pl. Ld. 3, 206, *pleze* 3. conj. Edg. Can. 64, *plezende* kent. gl. 214. 279. 995) neben *plezian* (*plezean* schon C. P. 309, 14, *tô plezianne* 391, 27). Das pract. ist immer schwach, *plezode.* Im north. begegnet *plœzde zê* saltastis Mt. 11, 17 (*plazudun* R), *zeplœzde* saltavit Mt. 14, 6 (*pleuzade* R), im Vesp. Ps. *plaziaŏ* plaudite 46, 2, *plœziaŏ* plaudent 97, 8, *plœziendra limpanan* tympanistriarum 67, 26. Vielleicht ist es möglich, alle diese verschiedenen formen auf ein einziges grundverbum *plezan* — *plazda* zurückzuführen, vgl. bezüglich des vocalwechsels *brinzan* — *bröhte,* Vesp. Ps. *wircan,* praet. *worhte* [im Ps. selbst *wyrcte*], alts. *wirkian* — *warahta.*

Gehört hierher auch *hlecaŏ tòsomne* glomerantur C. P. 361, 20, und *sneówan* eilen == got. *sniwan* (*sneówan* Andr. 242. 1670, sg. 3. *snoweŏ* Andr. 504. Sch. 62)? *Aŏezen* distentus Corp. 700 == *āþezen* Cot. 63 könnte zu *ŏiczean* gehören.

§ 391, 2. Die belege für das seltene *pleón* sind inf. *pliön* C. P. 229, 20, praet. *pleah* ib. 37, 7, s. Sweet s. 476 f.; *sáezon* ist doch wol nicht echt ws. form, die poetischen hss. beweisen nicht; die participia *zeseowen* Chron. 793 E, *zeseozen* ib. 774. 1122 E sind ganz spät und können füglich ausser acht gelassen werden.

§ 391, 3. Das part. *zeŏizen* ist zu streichen, wenigstens finde ich jetzt keinen beleg dafür, ich muss also wol bei der aufstellung der form irrtümlich an das part. von *ŏeón* gedacht haben. Soviel ich sehe, erscheint das starke praet. *þeah* in der ws. prosa nur viermal im Beda (224. 243. 336. 389), dessen sprache überhaupt so viel auffälliges zeigt; in der Cura past. gebraucht Aelfred *þizden* 451, 29, ebenso steht auch im Beda *ŏyzde* 375, *ŏyzedon* 224, *þyzede* 375. In der poesie ist dagegen *þah, þeah,* pl. *þêzun* (nur einmal *zeþéezon* Beow. 1014 im reim auf *zeféezon*) nicht selten. [1] — Zu *friczean* vgl. oben s. 282 den nachtrag zu *friznan.*

---

[1] Hängt die auffällige form *þah* und das beinahe völlige fehlen der form *þéezon* damit zusammen, dass den ws. schreiben der poetischen hss. beide formen ungeläufig waren?

§ 392, 1. Das fragezeichen nach *alan* anm. 1 ist zu streichen (ôt Reiml. 23, *alað* 3. pl. Luc. 11, 44 Durb., *aleð* Rushw.); die bedeutung ist 'nähren' (Luc. 11, 44 übersetzt es *parēre*!) — Zu *wæcnan* beachte das pract. *onweócon* Sat. 476 (doch ist das *e* in der hs. unterpunktiert, Haupt XV, 460).

Sponan hat in der älteren zeit gewöhnlich noch *spôn*; zu den von Kluge, Beitr. z. gesch. der germ. conj. 98 gegebenen stellen füge ich noch C. P. 205, 18. 367, 11. 391, 1. Oros. 27, 10. 73, 21. 97, 15; dagegen *speon* z. b. C. P. 121, 2. Oros. 35, 19. 41, 8. 42, 5. 47, 28. 50, 26. 75, 35. 102, 21. 110, 35. Beda 147 (*ʒespôn* C). 177. Der übertritt zur reduplicierenden klasse scheint durch vermischung mit dem verbum *sponnan* befördert zu sein, wenigstens finden sich für *sponan* auch formen mit doppel-*n*: *ʒespannan* Beda 304 (*āspanan* B, *ʒespouan* C), part. *ʒesponnen* Beda 218. 321, *āsponnen* 259, pract. *speonnan* 440.

Ueber *weaxan* — *wexan* s. oben s. 212; *ānôx* Räts. 11, 3 ist stehengebliebene north. form (Durb. *ʒewôx* Mt. 13, 26. 32, *wôxon* 13, 7, *ʒewoxun* Mt. s. 9, 35 etc., aber Rushw. [1] *weox* Mt. 13, 26, pl. *wexon* 13, 7).

Nachzutragen ist das part. *ʒedafen* geziemend (*ʒedębin* debita Erf. 336, *ʒedefen* Bosw.-Toller 384ᵃ).

§ 392, 2 schlusszeile fehlt die häufige form *ʒeslaʒen*; ebenso *beflaʒen* Wr. I, 45; north. fehlt *ʒeþuǽn* Joh. 13, 10 D.

§ 392, 4. *Hebban* bildet später auch ein schwaches practeritum: (*ā*)*hefde* Gen. 22, 13. 48, 14. Ex. 8, 17. 14, 27. Saints S, 212, *āhefdon* Gen. 7, 17, part. *bist āhefod* Boeth. 174; — *swerian* hat einmal pract. *ʒesweór* Oros. 89, 25, part. *swaren* L. Ine 35. *Hpt. Gl. 463 (upahefde)*,

§ 394. Ueber das vorkommen der reduplicierten formen ist folgendes zu bemerken [1]): Im northumbrischen gelten ausschliesslich (Zeuner s. 101, anm.) *hehl, ondreard* (*ondreord* R), *leort, reord*; dass der Rushw. Matthaeus mit einem *ic hēt* 14, 2 gegen 7 *heht* und 13 *lēt* gegen 1 *forleortun* 19, 27 abweicht, beweist natürlich nichts gegen diesen satz. Der Vesp. Ps. hat ausschliesslich ein *ʒeheht*, sieben *ondreord*, dreizehn

---

[1]) Vgl. dazu Anglia I, 493 und die dort gegebenen literarischen verweise.

forleort, Zeuner s. 101. In den urkunden des mercischen her-
zogs Aetbelred C. D. 5, 140. 142 begegnen *heht, hehtan*. In der
poesie begegnet häufig *heht* neben *hêt*; ein *leort* in der ursprünglich anglischen Elene 1105 (oben s. 235, anm.) neben sehr
häufigem *lêt*; sechs *leolc* Gen. 448. Andr. 614. 1366. Jul. 764.
Râts. 57, 8. 61, 7 gegen ein *forlêc* in dem interpolierten stück
der Genesis 647; ein *reord* als einziger beleg des praet. von
rǽdan in der Elene 1023; kein *ondreord*. In der ws. prosa
herschen *hêt, lêt, ondrêd, rêd*; von *lâcan* ist das practeritum
nicht belegt. Ausnahmen hiervon sind: a) *heht* ist in Blickl.
häufiger als *hêt*; aber dieser text ist nicht streng westsächsisch;
b) in streng ws. texten begegnet *heht* äusserst selten; einmal
in der Cura past. 9, 14 in einem verse, für den die oben s. 273,
anm. angeregte frage in betracht kommt, und einmal in dem
Parker ms. der chronik a. 688, in welches die form aus einer
älteren anglischen aufzeichnung gedrungen sein könnte.

Dagegen erscheint nun *heht* dreimal im Beda, 124. 232. 445
zusammen mit dem sonst in ws. prosa unerhörten *forleort* 121,
forleorte 123. Ich kann aber diese beispiele nicht als einen
beweis für die annahme anerkennen, dass der ws. dialekt in
historischer zeit jemals die form *forleort* besessen oder *heht*
häufiger gebraucht habe. Denn der Beda ist — mir steht
leider nur der Wheloesche text zur verfügung — einmal durch
die hand eines anglischen schreibers gegangen, welcher darin
auch andere sehr deutliche spuren seiner tätigkeit zurückge-
lassen hat. Es sind namentlich folgende:

1) *ě* für ws. *ǽ*, gramm. § 150, 1: *ðêr* 124. 157. 203, *slêpte* 138,
ondrêdan inf. 194, *ʒefêʒon* 268. 446, *alêsan* 285, *ʒêr* 305, *wêpmannum*
321, *ʒesêʒon* 323, *brêʒh* 365, *brêʒhe* 366, *wêpelnesse* 369, *rêse* 391.

2) *ě* für ws. *iě*, § 150, 2. 159, 2. 3: *unʒêmenne* 126, *lêʒ* 126. 211.
212 (2), *lêʒas* 212, *ʒecêʒde* 130, *hlête* 157. 162, *efenhlêtan* 198, -*um* 399,
wlête 243, *êþ* 320, *nêdþearfnisse* 322, *ʒehêrnisse* 329; ebenso *e* für ws.
iě: *Mercna* 231. 232 etc., *sexta* 253, *ʒestêrn* 406.

3) unumgelautetes *io, eo* für ws. *iě*, § 155, 1. 159, 4: *heónves* 199,
ʒleónviende 330, *heónvœsclice* 350, *hiôweslice* 369, vgl. oben s. 202 f.

4) mangel der diphthongierung nach palatalen, § 157, 3: *scœfþan*
195. 276, *aʒœf* 204, *onʒœt* 227, *ʒœf* 232, *beʒœt* 291, *ʒêr* 305.

5) *œ* als *i*-umlaut von ws. *ea* vor *l*-gruppen, § 159, 2: *ʒehœldre*
122, *ʒebalded* 124.

6) *u*- und *o*-umlaut wo ihn das ws. nicht kennt, § 160: *pleoʒede*
109, *scotole* 112, *dœlneomende* 122, *ʒebeoda* 199, *ʒeneoman* 273,

ʒconiendre 307, *we leopan* 367, *weoras* 405; *Lindisfearona* 166, *tð ðeacan* 263, *Heaʒoslcaldes ed* 291. 322. 348. 369. 373. 451. 454, *Heacan* 325, *Reaculf* 400, *së blcaca* 406.

7) palatalumlaut, § 162: *ʒefæht* 141, *befæht* 188, *fæht* 197, *ānæhtc* 326, *ræhton* 328; *ic berh* 137 (auf formen wie *l'chtum* etc. 161. 232. 261. 345. 346. 402 (2), *Pehthelm* 436 ist kein grosses gewicht zu legen, da sie so wie so in nördlicher form importiert sein könnten; auch *ë* für *eá* in *nëh* 194, *èʒhpyrla* 278, *nëhnesse* 418, *bëh* 459 hat nach den ausführungen oben s. 211 keine beweiskraft).

8) der superlativ *ætnȳstan* 202 (streng anglisch wäre *nëstan*) und die 3. sg. *ʒesïp* 485 ohne *h*, § 166, 5.

Man kann hiernach getrost wider den satz aufstellen: Die reduplicierten formen sind ein specielles charakteristicum des anglischen; das strengws. kennt sie mit ausnahme ganz vereinzelter *heht* (die noch dazu vielleicht eine specielle erklärung gestatten) nicht; in den östlicheren gebieten des sächsischen (Blickl.) ist *heht* häufig, wie denn überhaupt diese mundarten mit dem anglischen mehrfache berührung zeigen. Ja die form *heht* selbst weist mit notwendigkeit auf anglischen ursprung hin; denn in sächsischer form könnte sie nur **heohl*, später **hieht*, **hyht* heissen (trotz des einspruches den ten Brink, Anglia I, 524 gegen diese auffassung erhoben hat). Wo sie im sächsischen erscheint, ist sie als (poetische?) lehnform zu betrachten.

§ 395. Von dem swv. *rǣdan* lesen kommt einmal ein starkes part. *rǣden* Blickl. 167, 28 vor; *mid hǽtene isene* Ld. 2, 218 ist doch wol nur verschrieben für *mid hǽte îsene*.

§ 395, anm. 2. *slǣpte* steht einmal in C. P. 101, 18 neben *slèpe* 431, 30; weitere belege für die form *slèp* sind Beda 138. Boeth. 48. Gen. 2, 21. 28, 11. 51, 5. Mt. 8, 24. 13, 25. 25, 5. 27, 52. 28, 13; dagegen finde ich von *onslǣpan* nur *onslǣpte* Beda 123. 287. 288. 328. 331. 362, doch könnte hier wieder anglischer einfluss hervortreten.

§ 396, a. Hierher wol auch *āblonczne* indignati Mt. 26, 8 Durh.; zu b) ist neben *swôʒan* 'rauschen' auch *swôʒan* in *onswôʒe* invadat Beda 273 (vgl. *onswôʒnesse* invasione 121), *ðurhsweôʒh* pervaserat Beda 416, *āswôʒen* 'überwachsen, erstickt', *zeswôʒene* ohnmächtig Ld. 2, 196 (vgl. *ʒeswôʒunʒa* ohnmachten, swoons Ld. 2, 206), *oferswôʒen* 'überdeckt' Blickl. 203, 7 nachzutragen,

alts. *suôgan* Hel. 5796 [1]); ferner *wrôtan* aufwühlen (*wrôtu* Corp.
1959, ic *wrôte* subigo Aelfr. gr. 176, 12, *wrôtað*, *wrôtende* Grein
II, 745), *flôcan?* plaudere (*flôceð* Räts. 21, 34, *flôcende* complosis
Cot. 39; Grein I, 305 setzt *floccan* an). Zu dem unklaren *áx.*
eiǫ. sē ðē feóndum ʒeneóp Ex. 475 muss wol ein praesens
*ʒeneápan oder **ʒenôpan* angesetzt werden (Grein's **ʒendpan*
könnte im praet. nur **ʒenêp* bilden), desgleichen **onrôdan*
oder **onreádan* zu *onreód* inbuit Corp. 1129. — Zu den verbis
mit *àw* gehört auch wol *clâwan* scalpere (*clâwe* scalpo Corp.
1842. Aelfr. gr. 170, 11), zu dem praeteritalformen nicht belegt
sind.[2]) — Bezüglich des zweifelhaften *hwǽsan, hwêsan* (s. nachträge 166) verweist mich herr Platt auf die 3. sg. *hwêst* Ld. 3,
122; dem steht freilich das verbalsubstantivum *hwǽst* entgegen
(*hfwsles*, l. *hrǽstes*, spiritus Haupt gl. 464ª, *hwǽsttum* flatibus
464ᵇ); doch ist zuzugeben, dass die grössere wahrscheinlichkeit
für richtige überlieferung auf seite von Ld. ist.

§ 396, anm. 1.   Vereinzelter inf. *ʒenʒan* Andr. 1097.

§ 396, anm. 2.   Auch ws. findet sich ein umgelautetes part.
von *bûan* : *ðæt bŷne land* Oros. 20, 45, *ðǽm bŷnum lande* 20, 44.

§ 400, anm. 1.   Zur gruppe von *nerian* gehören noch *erian*
pflügen, *onhyrian* eifern, *ûmerian* läutern, *bescierian* berauben,̀
snyrian eilen, *ʒewerian* bekleiden, *ʒewerian* eindämmen (*mon
ʒeweriʒe* C. P. 283, 14, part. *ʒewered* 279, 15), auch wol *ðwierian*
adversari (aus **ðweorhjan; ic ðnyriʒe* Aelfr. gr. 145, 18).

§ 400, anm. 2.   Die regel (die im anschluss an Cosijn,
Taalk. Bijdr. II, 130. 155 gegeben war) ist nicht bestimmt

---

[1]) Gehört hierher auch *sweoʒon* praevaluerunt M. Ps. 77, 23 neben
sweoʒode praevaluit Ps. 57, 7 (Lye s. v. *sweoʒan*)? Ich kann die citate
leider nicht nachprüfen, da mir Spelmanns Psalter nicht zur hand ist.
— Beiläufig sei bemerkt, dass die in Skeat's Marcus 1871, s. II ff. aus
der Wycliffe-bibel von Forshall und Madden (1865) wider abgedruckte
übersicht über die ags. bibelglossierungen, ausser den von Wülcker,
Anglia II (1879), 354 ff. verzeichneten 8 hss. mit psalterglossen noch drei
weitere nachweist, nämlich Cott. Vitell. E. 18. Bodleian Jun. 27. Lambeth
427. Die beiden letztgenannten werden bekanntlich schon oft bei Lye
citiert.

[2]) Das von Kluge, Beitr. z. gesch. der germ. conj. 100 vermisste
praet. *ʒleów* von *ʒlôwan* steht Saints 7, 240. Haupt gl. 509ª, an letzterer
stelle mit der variante *ʒleóf* am rande, s. oben s. 218.

genug gefasst. Dem Vesp. Ps. fehlt die besprochene erscheinung
ganz, Zeuner s. 110; das eigentliche gebiet ihres auftretens ist
das westsächsische, und zwar ist für dieses als regel aufzustellen, dass allmählich fast sämmtliche kurzsilbige verba dieser
klasse, deren wurzelsilbe auf einen dauerlaut ausgeht, zur ô-
klasse übertreten. In der Cura past. ist die alte flexion zum
teil noch erhalten bei *fremman, trymman*, (*dwellan*), *cnyssan*;
belege: *fremme* 251, 5. 435, 26, *zefremmað* 359, 21. 423, 6,
fremmen 417, 36; *zetrymman* 41, 4. 367, 2. 387, 20, *trymmanne*
203, 10, *zetrymme* 213, 2 (*zedwellen* 365, 23, *zedwellað* 369, 18,
zedwelle 387, 13); *cnyssende* 59, 4. Aber daneben erscheinen
schon die neubildungen *zezremize* 165, 2, *zremizen zē* 189, 23,
temiað 303, 11, *temian* 303, 12, *ātemiað* 345, 24, *ātemize* 383, 6,
zetrymiað 161, 19, *zetrymizen* 229, 4, *zetrymian* 385, 1, *zetrymize*
395, 6; *beheli(z)en* 141, 9. 239, 25; *sylian* (sich wälzen) 419, 27;
āhrisize 461, 16; *tô wreðianne* 127, 2, vgl. (*ā*)*wreðiende* Beda
361. 362, *ic wreðize* Aelfr. gr. 190, 5. Aber die 2. 3. sg. geht
noch stets auf *-est, -eð*, der imp. auf *-e*, das praet. auf *-ede*,
das part. auf *-ed* aus; mit andern worten, es findet noch
keinerlei berührung mit der ô-klasse statt, vielmehr hat sich
zunächst nur eine ausgleichung mit den verbis auf *r* wie *nerian*
vollzogen. Später aber treten nun, so scheint es, die meisten
dieser verba auf *-ian* unter den bann der ô-klasse: *derað*
Boeth. 250. Luc. 10, 19; *erize, erast, erað*, part. *zeerod* Aelfr.
gr. 121, 11 ff., *erað* ib. 104, 12, *era* ib. 100, 13; *herast ðū* ib.
112, 14. 17; (*ze*)*nerode* Gen. 48, 16. Ex. 18, 9; *zebyrað* Gen. 33, 5,
zebyrode Joh. 4, 4, *þū spyrast* Boeth. 38. 92. 148; *spyraþ* ib. 210,
spiraþ ib. 250; *þū āstyrast* Boeth. 128, (*ā*)*styrað* Gen. 9, 3. Luc.
23, 5, *āstyroð* Boeth. 36, (*ā*)*styrode* Gen. 7, 21. 13, 18. Ex. 10, 23
(so auch von dem stv. *swerian* imp. *swera* Gen. 47, 29. Lev. 19,
12); von den umgebildeten *ja*-stämmen z. b. *fremað* 3. sg. Aelfr.]§«+.
gr. 207, 8. Ld. 1, 90. 110. Luc. 9, 25, *fremode* Beda 137,ᶠ *full-* ᶠ§«:
fremod Boeth. 118 (sehr häufig), *dwelode* Boeth. 164 C. 166.
Serm. Lup. 32, 15 N., *zedwelod* Boeth. 84, *helode* Gen. 38, 15,
(*un*)*behelod* Boeth. 48. Gen. 9, 21. 22; *āpenode* Ex. 9, 23; *āhrysa*
Ld. 1, 70, *beþa* Ld. 1, 72. 236 zu *ic beðize* foveo Aelfr.gr. 156,10.
    Selbst von den verbis auf *cz* und *bb* kommen die neu-
bildungen vor: *ic ymbhezize* sepio Aelfr. gr. 190, 5; *ic zeswefize*,
zeswefode, zeswefod Bosw.-Toller 448ᵃ. Von verbis auf alten

verschlusslaut kann ich nur *hreppan* tangere, anführen: *hrepodon* Gen. 3, 3, *hrepodest* 20, 6, *zehrepod* 6, 6 ctc. (Bosw.-Toller 559ᵇ).

Ausgeschlossen sind im allgemeinen die kurzsilbigen verba mit unregelmässigem practeritum, also *leczan — lezde* und die einschlägigen verba von § 407, a ausser *dwellan*, zu dem oben bereits beispiele mitgeteilt sind.

§ 403. Die form *strêzan* ist für das sächsische zu streichen. Nur in den nichtsächsischen dialekten und der poesie finden sich einige formen die auf einen nach art von *cêzan* gebildeten inf. *strêzan* führen: inf. *strêzan* Scef. 97, *streidae* Erf. 899 = *streide* Corp. 1910, *strêdun* Mc. 11, 8 Rushw. Die sächs. practerita *strezde*, *strêde* und ähnliche formen, auf grund deren bisher auch sächs. *strêzan* angesetzt wurde, gehören vielmehr zu *strezdan*, *strêdan* oben s. 281 f. Dem got. *straujan* entspricht vielmehr *strewian*, *streówian*: inf. *streówian* Saints 8, 168, praes. *ic strewize*, varr. *streówize*, *streámize* Aelfr. gr. 165, 9, praet. *hê strewede* C. P. 103, 13, pl. *strewodun*, varr. *strewodon*, *streówedon* Mt. 21, 8, *streówodon* mit den gleichen varianten Mc. 11, 8. Der übertritt in die *ô*-klasse ist derselbe wie bei *siwian*, oben s. 202 f.

Die im westsächsischen vollzogene trennung der ursprünglich flexionsgleichen verba *ciézan* und *stre(ó)wian* aus **kaujan*, **straujan*, ist ohne zweifel so zu denken, dass von den auf lautgesetzlichem wege aus altem *kaujô — kawîz — kawiðô*, *straujô — strawîz — strawiðô* erwachsenen beiden typen *ciéze — *ce(ó)wes — *ce(ó)wede, *striéze — stre(ó)wes — stre(ó)wede* bald der eine, bald der andere verallgemeinert wurde. Ich sage lautgesetzlich, denn es ist mir nach den untersuchungen von Paul, Beitr. VI, 97 und Möller, K. Z. XXIV, 437 nicht zweifelhaft, dass *ew(i)*, *eów(i)* die urags. entsprechung der gruppe *awi* (aber nicht *awj* oder *auj*) ist, wie namentlich in den bekannten *eówu*, *meówle*. Zu den nicht diphthongierten formen *strewize*, *strewede* (= got. *strawida*) vgl. man *zesewen* und die nebenform *ewe* zu *eówu*.

Grosse schwierigkeiten bereiten der durchführung dieses gesetzes allerdings die verschiedenen typen des dem got. *ataugjan*, ahd. *zougen*, alts. *tôgian* entsprechenden verbums, über die man bisher zu leicht hinweggegangen ist. Dieselben sind 1) ohne allen umlaut *oteáwan* im Vesp. Ps. 17 mal, und north. *œteáwa*, auch in der spätern sächsischen prosa (z. b. 4 mal in praet. *œteáwde*, -*on* Blickl. 123, 19. 183, 25. 191, 30. 197, 8, neben 18 *eo*, und *œtîwde* 249, 3, *œtiéwed* 199, 35. 201, 32); 2) *eówan*, 2 mal im Vesp. Ps. (*oteówu* 90, 16, *oteówdun* 91, 8), selten altwestsächsisch (*œtiówan* C. P. 103, 19 H, *iówan* 173, 1, *eówon* 118, 7 C, *eóweð* 313, 2, (*œt*)*eówde* 399, 17. 405, 35), öfter in der poesie und den jüngeren sächsischen prosatexten (in Blickl. ist z. b. diese form die häufigste); 3) *iéwan*, die im strengwestsächsischen, wie C. P., gebräuchlichste form; endlich 4) finden sich häufig praesensformen nach der *ô*-klasse (z. b. schon inf. *eówian* C. P. 119, 7. 449, 31. 32. 461, 8. 23, sg. 3. *eówað* 55, 13. 421, 30. 465, 32, pl. *eówiað* 383, 27. 385, 33. 449, 9, conj. *eówiʒe* 277, 17, pl. *eówien* 273, 4, *eówiʒen* 273, 5, vgl. Cosijn, Taalk. Bijdr. II, 157); praeterita nach der *ô*-klasse sind selten: *eówode* Blickl. 181, 22, *eówodon* Beda 307. — Hierzu ist zu bemerken, dass sich die umlautslose form *eáwan* wol nur durch annahme eines umlautslosen praet. *eáwde* nach art von *sealde* etc. oder durch die annahme erklären lässt, dass das verbum einmal der *ai*-klasse angehört habe.[1])

Letztere annahme würde am ersten geeignet sein, die verallgemeinerung des *eá* im anglischen zu erklären (insofern nach ihr auch die 2. 3. sg. praes. den diphthongen *eá* haben mussten, *eáwas, *eáwað*, wofür es in wirklichkeit *eáwes, eáweð* heisst), sowie den umstand, dass die *ô*-formen fast ganz auf das praesens beschränkt sind. Was die formen *iéwan* — *eówan* anlangt, so stehe ich ihnen ziemlich ratlos gegenüber. Von der gleichung *hiéwð* ▬ *hauwiþ* ausgehend, könnte man *iéwan, iéwð* ▬ *auwian, *auwiþ* setzen; dann bleibt kein raum für *eówan, eóweð*. Bestand einmal ein wechsel *iéwe — eóres, eóweð — iéwað*, indem *auwj* zu *iéw*, aber *auwi* wie altes *awi* zu *eów* wurde? Dann müste *hiéwð* statt *heówð* eine neubildung nach mustern wie *hliépð* zu *hleápan* sein. Oder wechselten einst *au*(*w*)*j-* und *awi-* etwa in der folge *au*(*w*)*jô — awîs, awiþ — au*(*w*)*jonþ* mit einander ab? Dann müssten wol *iéwe, iéwað*

---

unter dem einfluss von *eówes*, *eóweð* aus älterem *iéʒe*, *iéʒað* umgestaltet sein (vgl. *ciéʒe*, *ciéʒað*, *hiéʒes*). Das gleiche resultat ergäbe sich endlich, wenn man gestützt auf die got. alts. ahd. formen mit *g* dem urags. verbum noch einen wechsel zwischen *augj-* und *a(u)wi-* zuschriebe, von denen das eine *iéʒ-*, das andre *eów* ergeben hätte.

§ 403, anm. 2. Von *heán* (inf. Beda 118, 3. pl. *heáð* Scb. 42) begegnet als part. praet. *heád* Beda 31 B mit anlehnung an den contractionsvocal des praesens; dagegen *ʒeheed* in C.

§ 405, 2. Ausnahmsweise *refsde* Corp. 1082, *ādwescdon* Aelfr. Can. 33, *hyspdun* Mt. 27, 44; — *cemban* kämmen, hat praet. *cemde* Ld. 1, 332 (ebendaselbst *cembeþ* und zweimal *cembe*).

§ 405, 5. Von *ʒierwan* lautet das praet. sowol in der poesie wie in der prosa stets *ʒierede* etc. ohne *w*; dagegen erscheint das part. praet. in unflectierter form in doppelter gestalt: *ʒiʒeruuid* Ep. 730 — *ʒeʒeruuid* Corp. 1632, *ʒeʒyrwed* Blickl. 169, 1 und *ʒeʒiered* C. P. 469, 8, *ʒeʒyred* Blickl. 139, 6. Ep. Alex. 479 (anderes bei Grein I, 406 f., und mit anlehnung an die ô-klasse *ʒeʒyrewod* Boeth. 46), in den flectierten formen fehlt wieder das *w* stets (*ʒeʒierede* C. P. 93, 14, *ʒeʒyrede* Oros. 31, 29. Ep. Alex. 611. Blickl. 221, 29, *ʒeʒyredne* ib. 215, 16). Der Vesp. Ps. hat auch unflectiert nur *ʒe-*, *onʒered* 131, 9. 202, 17. An sonstigen unregelmässigkeiten notiere ich für dies verbum imp. *ʒeʒier* C. P. 373, 5 H gegen *ʒeʒierwe* C, *ʒeʒyre* Blickl. 37, 21, *ʒearw* Luc. 17, 8.

Von *hierwan* finde ich folgende charakteristische formen belegt: *herweþ* Mt. 6, 24 Rushw., *hyrwde* Lev. 24, 11, *hyrwdon* Mc. 14, 64, *herwdun* Vesp. Ps. 21, 8, *herwdon* Ps. Voss. 21, 6 Lye, *heruwdest* Blickl. 49, 36; dazu mit übertritt in die ô-klasse *wē herewiað* Boeth. 40 (*herwað* C), *herewade* C. D. 6, 127; von *nierwan* bedrängen im Vesp. Ps. *ʒenerweð* 142, 4, pl. *ʒenerwde* Hymn. 201, 41 (Zeuner 74), sonst *ʒenierwed* C. P. 231, 21. 304, 17, *ʒenyrwyd* C, *ʒeniered* T Sp. Ps. 68, 19 (Bosw.-Toller); praet. *nyrwdon* Beda 415, *nyrwʒde* Blickl. 49, 12; mit übertritt zur ô-klasse *ic ʒenyrwiʒe* Aelfr. gr. 166, 11, part. *ʒenyrwad* Crist 364, *ʒenyrwod* Scread. 21, 5.

Sierwan geht in der alten ws. prosa regelmässig; aus C. P. habe ich folgende formen angemerkt: *ʒe-*, *ymbsireð* 435, 5. 6,

pract. *sierede* 37, 9, *be-*, *zesirede* 393, 8. 435, 4, part. *zesired*
435, 16, *zesirede*, *zesiredan* 435, 14 (*besierede* Oros. 63, 6 L);
als einzige ausnahme eine anlehnung an die *ja-* oder *ô*-klasse
im pl. *ymbsieriað* 135, 30, dazu später das deutliche *ô*-praeteri-
tum *besyrode* Oros. 45, 20. 48, 31 neben *syrede* 59, 9, *siredon*,
-an 69, 37. 72, 42. Mit durchführung des *w* *þû syrwst* Gen. 3,
15, praet. *syrwde* Ex. 21, 13. Mc. 6, 19. Saints 11, 234, *syrwdon*
Saints 11, 318, desgleichen mit *ô*-flexion *syrwiað* Blickl. gl.
Aehnlich bunt ist die musterkarte der formen von *smierwan*;
in C. P. begegnet altes *smicrewað* 69, 11 neben jungem *smiriað*
69, 10, wo C beide male *smirewað* liest, pract. *smirede* 101, 16;
von sonstigen regelrechten formen führe ich an *þû smirest*
Ex. 29, 36, sg. 3 *smireð* Vesp. Ps. 140, 5, imp. *smyre* Ld. 1, 78,
pract. *smirede* Vesp. Ps. 44, 8. 88, 21. Hymn. 183, 19, *smerede*
Blickl. 69, 2. 75, 11, *smyredon* Mc. 6, 13, part. *zesmered* Blickl.
73, 23, *bismiridae* Ep. 534 = *bismiride* Corp. 1035, mit erhaltung
des *w* inf. *smirewan* Ld. 2, 184, *smirwanne* 2, 244, *smerwan* 2,
156. 194, *smerwanne* 2, 288, conj. *þû smeruwe* 2, 156; neubildungen inf. *smerian* Blickl. 73, 24. 75, 17, *smyrian* Ld. 2, 118,
smyrianne Mc. 14, 8, praes. *ic smyrize* Aelfr. gr. 173, 17, sg. 3.
smirað Lev. 6, 20, conj. *smerize* Edg. Can. 65, Aelfr. ep. past.
47. 48, *smyrize* Aelfr. Can. 32, pl. *smyrzeon* Poen. Ecgb. 1, 15,
smyrizon Aelfr. Can. 32, *smyrzen* Ld. 1, 346, imp. *smyra* Ld. 1,
146. Mt. 6, 17, praet. *smirode* Lev. 8, 2. 10, part. *sin zesmirode*
Ex. 29, 29. Im northumbrischen hat sich die neue form mit *j*
auch schon eingebürgert, *tô smiriane* Mc. 14, 8 D, wo Rushw.
tô smiranne liest; die übrigen formen entscheiden nichts: *smiride*
Joh. 9, 11. 11, 2, (*ze*)*smiredon* Mc. 6, 13. 16, 1 D, *-un* R; nur der
imp. *smere* Mt. 6, 17 Rushw. ist wegen seines *e* statt *i* bemer-
kenswert.

Ausser den verbis auf *rw* gehörte wenigstens auch noch
eines auf *lw* hierher, nämlich *wielwan = got. *walwjan*; denn
nur nach dieser annahme kann man die doch offenbar zusam-
mengehörigen formen *ic wylewize* Aelfr. gr. 177, 9, *wylian* inf.
Saints 8, 170, *wylede* Blickl. 157, 8, *zewylwed* Dial. 2, 2 Bosw.-
Toller vereinigen. Daneben besteht auch *wealwian* nach kl. II.

Auch *ræswan* erwägen, vermuten, zeigt spuren ähnlicher
behandlung: sg. 3. *ræsweþ* Boeth. 78, pl. *ræswað* C. P. 239, 6,
conj. *ræswe* ib. 447, 28, praet. *ræswodon* commenti sunt Cot. 57;

dazu führt Lye aus Beda 3, 10 und 4, 1 inf. *rêsian*, praet.
rêsade an, doch fehlen diese wörter im Wheloc'schen texte an
den angegebenen stellen. Ein subst. *rêsonȝ, -unȝ* .coniectura
citiert Lye aus Cot. 44. 171.

§ 405, 6. Ueber *strêȝan* s. oben s. 289; das praet. *strêȝde*
ist zu streichen, *strêde* Ps. ist durch ein versehen angegeben,
das verbum fehlt überhaupt im Ps.; die north. form *streiȝa* ist
mit einem stern zu versehen, als nur erschlossen. Hinzuzufügen ist das poetische *ȝehéȝan*, praet. *ȝehêde*, ws. **hiéȝan,* =
altn. *heyja*.

Bei einigen verbis werden durch contractionen kleine unregelmässigkeiten hervorgerufen; die belege für dieselben sind
indes so spärlich, dass man nicht die flexion derselben in
allen ihren teilen überschen kann.

Am besten bezeugt ist noch *ðŷn* premere, comprimere,
ahd. *dûhen* Graff V, 117. Cockayne's zusammenstellung mit altn.
þjá (Ld. II, 414) ist wol nur zu halten, wenn man annimmt,
dass in dem letzteren verbum altes **þinjan* 'zum sklaven
machen' und **þûhjan* 'drücken' zusammengefallen sind. An
belegen finde ich inf. *þŷn* Ld. 2, 182 (2mal), praes. *ic ðûrhðŷ*
perfodio Aelfr. gr. 179, 10, sg. 3. *ȝeþŷþ* Sal. 303, pract. *ðŷdde*
C. P. 295, 17. [297, 14] *þurhþŷdde* Saints 3, 273, *ȝeþŷdan* Räts.
61, 14, part. *ȝeþŷd* Andr. 436, *ȝeþŷde* Hom. 1, 506, *āþŷde* Ld.
2, 371ª, *āþŷdum* Ld. 2, 54, *þurhðŷd* Job 15 (s. 270 Gr.), daneben
selten uncontrahierte formen: *ic ðurhþŷȝe* Aelfr. gr. 179, 10 I,
und mit übertragung des *j* in's praeteritum *þŷȝde* Beda 366.
þurhþŷȝdon Lamb. Ps. 21, 16 Lye (wie in *ciéȝde*). Ferner
scheint eine form *þŷwan* bestanden zu haben, nach dem pract.
ȝeþŷwde(sf) Ps. 77, 43. 105, 9, *ȝeþiwdan* 104, 11 (Grein I, 475);
weiterhin begegnet inf. *ȝeþeón* Räts. 41, 91, pract. *ȝeþeówde*
Ps. 87, 16 Gr., *forþeóde* Kreuz 54, part. *þurste ȝeþêwde* Ps. 106,
32 Gr. Ob *ȝeþeódo* captivi Luc. 21, 24 Durh., *ȝeþeódum* capti-
vis Rit. 177, 1ª hierher oder zu einem von *þeów* abzuleitenden
*þiujan gehört, lasse ich dahingestellt. Als grundlage dieser
bunten manigfaltigkeit von formen wird wol eine alte flexion
inf. *þeón* aus **þŷan* (oben s. 212 f.), praes. *þeó* aus **þŷu*, 2. sg.
þŷwes oder *þŷȝes* (vgl. *ráh — rûwes* § 295, anm. 1), pl. *þeóð*,
pract. *þŷda*, part. *þŷwid*, fl. *þŷde* anzusetzen sein.

Im ganzen dieselben doppelformen mit und ohne *w* zeigt sodann *hliéwan, hleówan* erwärmen: inf. *hleówan* Haupt gl. 412ª, *utan hlŷwan* Serm. Lup. 58, 9, praes. sg. 3. *hlŷweþ* Blickl. 51, 21, pl. 3 (?) *hleóþ* Az. 85, part. *wǽron ʒehlŷde* Job 4 Gr., *ʒehlŷwde* Hom. 2, 448.

Aehnlich flectiert ferner ein verbum *ðrŷan?*, über dessen bedeutung ich nicht recht in's reine komme: *ūþrŷid* expilatam Corp. 789, *ʒeðrŷde rel āwrât* (sensum) expressit Durh. Mt. s. 3, 11, *Eðiluald . . . hit* (die hs. des Durhambooks) *ûta ʒiðrŷde and ʒibélde* ib. Joh. s. 188, 3. Falls auch diesem verbum die bedeutung 'zusammendrücken' zukommt, so dürfte vielleicht das isolierte starke part. *eorðe is hefiʒre ðôrum ʒesceaftum, þicre ʒeþrûen* Metra 20, 134 (altn. *þrunʒinn* zu vergleichen?) hierherbezogen werden (über *ʒeþuren* s. oben s. 282).

Ein viertes verbum dieser art ist *scŷ(a)n* antreiben: praes. sg. 3. *scŷþ* suggerit Beda 95 C (*scŷfþ* B), pl. 1. *scŷaþ* suadebimus Mt. 28, 14 Rushw.; ein praet. *scŷde* führt Lye aus Beda 497, 15 Smith an (an der betreffenden stelle bei Wheloc 95 steht *scynde* zu *scyndan*); dazu das subst. *sciénesse* C. P. 79, 22 (*scinnesse* C), *scynnes(se)*, *scynnysse* Beda 95 (dreimal).

Endlich das häufige **tŷ(a)n* docere, instruere: praes. *ic tŷ* Aelfr. gr. 166, 14, pl. conj. *ʒetŷn* C. P. 35, 12, praet. *tŷde (tŷdde)*, part. *ʒetŷd* Grein 1, 467. II, 557. Bosw.-Toller 462ª. An einigen stellen berührt sich mit diesem verbum der bedeutung 'ausstatten' nach das praet. *teóde*, part. *teód: hû woruld mǽre wundrum ʒeteód unʒelic yldum ôð edsceafte* Dan. 111, *nalæs hi hine léssan lâcum teódan* Beow. 43, *swâ hê hine wǽdum . . . ʒeteóde* Ps. 108, 18 Gr., und es scheint nicht unmöglich, dass diese formen hier wirklich zu **tŷ(a)n* gehören (vgl. oben *ðŷn — ðeón*) und also von *teóde, teód* = got. *tawida, tawiþs* zu trennen sind.

Was dieses letztere verbum anlangt, so ist darauf aufmerksam zu machen, dass praesensformen überhaupt nicht belegt zu sein scheinen, dass es also zweifelhaft bleibt, ob überhaupt ein praesens in gebrauch gewesen und als inf. **teón* anzusetzen ist.

Möglicherweise existiert sogar noch ein drittes praet. *teóde*, part. *teód* mit der bedeutung 'bestimmen, anordnen': *hafað him wyrd ʒeteód* Gu. Ex. 174, *foreteóde wǽron* praeordinati erant

Beda 145 (*þâ ylcan ic ðer foretcôde* Ps. 72, 12 Gr.?). Dieses könnte mit *teoh, teohhian* zusammenhängen.

§ 405, 7. Auch *nemnan* hat spät praet. *nemnode*, de confess. 9 (Laws s. 404). Der verlust des *n* erstreckt sich auch auf die 2. (und 3.) sing. ind. praes., wenn synkope des *e* eintritt: *þâ nemst* Mt. 1, 21. Luc. 1, 13. — Eine ausnahme von der allgemeinen regel bildet *eʒlan* in der C. P., praet. *eʒlde* 235, 8. 309, 3 (*eʒlede* Boeth. 16).

§ 406. Ueber die verba auf *t, d* s. oben s. 274. Sonst sind verkürzungen in der unflectierten form sehr selten: *beclypt* Saints 7, 46. Für *ʒecŷðed* kommt, im anschluss an das praet. und flectierte part. praet. *ʒecŷdde* etc., auch unflektiert *ʒecŷd* vor, Ld. 3, 192. Saints 2, 250. Ausserdem ist in einer anmerkung anzugeben, dass die langsilbigen welche die unflectierte form unverkürzt bilden, in den späteren texten das *e* auch in die flectierten formen wie *ʒedêmede, ʒefyllede* übertragen (nicht in das praeteritum).

§ 407, a. Zu *wyrcan* beachte das praet. *ʒewarht* Corp. 567 = alts. *giuuaraht*; auch die me. metathese des *r* zeigt sich schon vereinzelt in ags. texten, *wrohton* Joh. 12, 1, *ʒewrohte wêron* Ld. 3, 430. Ein praet. *forwyrhte* citieren Bosw.-Toller aus Hom. 1, 12; häufiger ist *forwyrht* 'sündig' = got. *frawaurhts* statt des älteren *forworht*: *forwyrhtne man* Mt. 27, 15. L. Eadw. u. Guth. 9. Cnut 2, 46, *þâ forwyrhtan* Serm. Lup. 44, 16. 45, 17 Nap. (vgl. auch Bosw.-Toller 327ª), offenbar mit anschluss an das substantivum *forwyrht*.

Die formen *tâhte* zu *tâcan, tâhte* zu *tæccean* sind nicht älter, sondern jünger als *tæhte, tæhte*. Zu *weccan* sollte die erst in späterer zeit häufigere nebenform *wreccan* angegeben sein (*wreccan* C. P. 193, 21. Joh. 11, 11, *ârrehte* Joh. 12, 1. Saints 3, 112. 11, 210, *wræhte* Saints 11, 241, part. *ârreht(e)* Saints 6, 174. 318).

Es fehlen *dwellan — dwealde* bommen, irren (in prosa z. b. L. Aelfr. 1, 49. Boeth. 1, 49) neben *dwelede* Ps. 118, 176 Gr. und *dwelode* oben s. 288; *râcean — râhte* reichen (so durchaus ws., schon C. P. 247, 21, north. *râhte* Joh. 13, 26, *râhtôn* D, -*un* R Luc. 22, 53. Joh. 19, 29); *leccean — lehte, leahte* besprengen (*lehte* C. P. 295, 7 Il, *leahte* C), *deccean* bedecken, engl. *deck* (imp. *dec* Ld. 1, 150, *zedre* 1, 182) — *bedœhte*? tradidit Haupt gl. 441ª neben part. *zedeced* Hom. 2, 260 (das verbum ist also keineswegs mythisch, wie Skeat Et. Dict. 156ª behauptet); *hœccean* hacken — *ofhœhte* Aelfr. Ep. past. 51; *wleccean* lauwarm machen (*wleccan* C. P. 447, 21, (*ze*)*wlece* Ld. 2, 26. 30. 3, 28, part. *zewleht* Ld. 1, 192. 2, 42, *zewlehte* 1, 184, *zewlœht* 1, 114, *zewlahte* 1, 212 und *zewleced* 2, 74, *zewlœccedne* 2, 22); *scyccean* verführen — *scyhte* Gen. 898. Guthl. 98.

§ 410, anm. 4. Die späten imperative auf -*e* beschränken sich nicht nur auf alte langsilbige verba (z. b. *hlyste* Gen. 27, 8. 43, *cysse* 27, 25, *sêce* 31, 32, *ālise* 32, 11, *zepence* 40, 14, *fylle* 44, 1, *bebirze*, *lŕde* 47, 30, *sende* Ex. 4, 13, *dême*, *scremme* Lev. 19, 14, *ālŷfe* Mt. 8, 21, *zelŷfe* 9, 2, *wyrce* 21, 28, *ārŕce* Aelfr. gr. 173, 8 etc. etc.), sondern finden sich, wenn auch selten, auch bei ursprünglich kurzsilbigen: *telle* Gen. 15, 5. Ex. 10, 2 neben formen wie *ācwell* Gen. 22, 12.

§ 411. Zu den ableitungen auf -*nian* und -*sian* verdienen noch die seltenen bildungen auf -*cian* (abd. -*ihhôn*, Grimm, gr. II⁴ 271) angeführt zu werden: *bedecian* betteln (*hê bedecize* C. P. 285, 12, *þû ābepecize* Boeth. 114), *styfecian* ausrotten (zu *stybb* truncus; *āstyfeciam* C. P. 427, 18, *hê āstificize* Boeth. 94, *āstyfecize* C; *stifician* Ld. 3, 184 [l. *āstificiam*?]), *āswefecian* desgl. (*āswefecad* eradicatus Cot. 75, 199); nach langer wurzelsilbe in *ieldcian* aufschieben (sg. 3. *ieldcað* C. P. 220, 10). Wahrscheinlich gehört auch *zearcian* = *zierwan* hierher. — Uebrigens geht das ags. -*sian* nicht blos auf altes -*isôn* zurück, vgl. unumgelautete formen wie *hâlsian*, *hreôwsian*.

§ 414, anm. 1. Selten steht einfaches *z*, und zwar ist es im wesentlichen auf einige (östliche?) denkmäler beschränkt: *tilzendum* Ep. 78, *dobzendi* Corp. 638, *seobzendum* 646, *wiðerhlinzende* 1093, *onhlinzu* 1137; öfter in Blickl.: *þrowzende* 75, 19, *znornzende* 113, 29, *tulze zē* 163, 5, *ûpzendra* 185, 14, *drulzende* 193, 8, desgleichen *huntzendra*, *zepyldzendum* in den jüngeren Blickl. glossen; *dimzendum* Ld. 1, 136, *dymzendum* 1, 178, *fremzendlic* 1, 300. 320; vereinzelt *hriðzende* Mt. 8, 14. Aus der Cura past. habe ich nur *lufze* 145, 16, *zeliornzen* 187, 17 notiert.

Contractionen begegnen in *bôzan* iactare (Scint. 46 Lye),

sg. 3. *bôþ* Mod 46, *scôian* beschuhen (*anscôȝen* conj. C. P. 43, 16, part. *anscôd* 45, 8, *unscód* 45, 14, *ðæs anscôdun* 43, 17, *se anscóda* 45, 8, *ȝescôd* Ld. 3, 200, *ȝescóde* pl. C. P. 45, 12, *ȝesceóde* Mc. 6, 19; north. *ȝescoed* Mc. 6, 9 D, *ȝiscoed* R) und *tweóȝean* — *tweóde* zweifeln (aus * *twehôian*, ahd. *zuëhòn*).

§ 416, anm. 1. Es fehlt das negierte part. *ȝenæfd* (*ȝehæfd þonne ȝenæfd* Boeth. 14, 1; vgl. auch north. *næfȝu* armer Joh. 9, 8, *næfȝe* D, dat. pl. *næf(i)ȝum* ib. 13, 29, und *næfte* inopia Scint. 49 Lye) und die dem Beda eigene form *hæfed* 321, 389, 405. 411. 453, *sē forhæfedesta* 267. Der conj. praes. lautet spät auch *habbe* Boeth. 92. 154. 218. L. Aethelr. 3, 3. 9. Jud. Civ. Lund. 5. Conf. Ecgb. 41, *nabbe* Boeth. 35. Jud. Civ. Lund. 5 etc. Kaum mehr ags. ist die form *hædde* für *hæfde*, die mir zuerst C. D. 3, 256 begegnet ist.

Anm. 2. *Libban* bildet auch ein jüngeres praet. *lifede* Beda 389. 410. 430, *lyfede* Gen. 5, 7, *liofode* Aelfr. Ep. past. 11. 12, *leofode* Ld. 3, 154. Gen. 23, 1, *lyfode* Gen. 5, 12. 9, 28, pl. *lifedon* Aelfr. Ep. past. 19, 33.

Anm. 3 fehlt hinter *sæȝst* die form *seȝ(e)st*. — *Hyeȝean* bildet gelegentlich gegen die durchschnittsregel formen nach der *ja-* oder *ô-*klasse: *oferhyȝð* 3. sg. C. P. 113, 3. 267, 13. 425, 28, *forhyȝð* Joh. 12, 48 A, *hê forhyȝde* Blickl. gl. (2 mal); dagegen *ne forhoȝiað ȝē* Boeth. 50 (*forhyeȝað* C). Auch das part. begegnet auf *-od* gebildet, *oferhoȝod* C. P. 405, 36, *ȝehoȝod* Beda 362.

Anm. 5. Zu *wacian* — *wæccende* füge die parallele *hatian* — *hettend*; über *heófde* s. oben s. 278. Weiterhin wird *tâwian* bereiten hierhergehören, wegen der nebenformen *tô teáȝenne* (*tâwienne* B), part. *ȝeteád* Beda 351. Grundflexion *tèwjono* — *tèwjò* — *tèwais* — *tèwdô*, urags. nach eintritt des *i*-umlauts *tæwjon* — *tæwju* — *tâwas* — *tâwda* und daraus mit übergang von *èw, âw* in *ea* (§ 112 und oben s. 212) *teáȝan* — *teáȝe* — *tâwas* — *teáde* u. s. w.?

Das praet. *swiȝde* ist soviel ich sehe nur anglisch (north. Mt. s. 19, 17, cap. 12, 23. 20, 31. 22, 12. 26, 63 D, in Rushw.[1] *swiȝade, -dun* Mt. 20, 31. 26, 63; merc. im Martyr. *ôðsuiȝde* Shr. 72, *swiȝdon* 151, vgl. unten s. 299). Der wurzelvocal mag hier lang sein, aber für das wests. ist trotz *swúȝiað* C.

P. 273, 24, *swúzie* 275, 13 wol kürze anzunehmen, denn *swu* muss für *swio* aus *swī* stehen; nach dem muster von *lifzan*, *lifze*, *liofast* ist nämlich als grundflexion *swizian*, *swizie*, *swinzast = *swuzast* etc. zu erwarten. — Zu beachten ist das mehrfach bezeugte part. *swizende* C. P. 39, 6. 151, 24. 259, 19 (hier *swizzende* C, also *i*?). Räts. 49, 4, *suizendan* C. P. 39, 18. *Suzian* geht spätws. in *suwian* über: *zesuwian* Or. 62, 39, *surizen* Luc. 19, 40, *suwiende* Luc. 1, 20, *sura* Mc. 4, 39, *surode* Mt. 22, 12. 26, 63. Mc. 10, 48, -*ude* Luc. 18, 39, *surodon* Mt. 20, 31. Luc. 9, 36, -*udon* Luc. 14, 4 etc. An selteneren nebenformen merke ich noch an *zesweozode* Boeth. 212, *forsweozian*, -*iað* Aelfr. Ep. past. 1 (Laws s. 452). 43, *zesryzode* Boeth. 244, *forsyzedon* Oros. 80, 27.

§ 420 A. Es fehlt unter 1 das part. *witene* nom. pl. f. C. P. 153, 1 (*wietenu* C), si *witen* sciatur Luc. 12, 2; unter 2. der imp. *dze þū* possidc Blickl. gl., unter 3. der umgelautete opt. *dyze* Ld. 1, 84. Boeth. 210, part. *duzende* Aelfr. Can. 16, altertümlich *duzunde* a. 805—831 bei Sweet O. E. T. 444, 18; unter 4. das part. *zeunnen* Chron. 1046. C. D. 3, 362. 363. 4, 51. 55. 73 etc. (part. praes. *unnandere heortan* C. D. 4, 234) und die späte neubildung des praesens *zeun(n)* C. D. 4, 37 (dreimal, wenn nicht bloss falsch gelesen ist); unter 5. das part. *onunnen* notatus Corp. 1389, accusatus Beda 444; unter 9. der imp. *zemun* (C. P. 413, 22. Boeth. 188. Blickl. gl. Gen. 20, 16. Aelfr. gr. 205, 11. Luc. 23, 42), part. *zemunende* C. P. 151, 21. 413, 22. Or. 58, 32. Aelfr. gr. 205, 12, part. praet. *zemunen* kent. gl. 1131. Blickl. gl. Haupt gl. 442ᵃ. 458ᵏ. 472ᵏ, und die neubildungen *ic zemune* Aelfr. gr. 146, 4. 203, 14. 205, 10, *zemunst þū* Boeth. 176. 200 (*zemanst* C), *hé zemand* Saints 1, 186 (?), pl. *zemunað* C. P. 467, 10. Joh. 15, 20; unter 10. der späte opt. *muze* Gen. 15, 5. 19, 31. Serm. Lupi 46, 15. Ld. 3, 60. L. Aethelst. praef. Aethelr. 6, 37. Jud. civ. Lund. 8, 4. Aelfr. Can. 31 (2), pl. *mahan* Boeth. 22, und *muze* Cato 13. 22. 23. 29. 58, pl. *muzon* 19 (Nehab s. 37).

Zu no. 8 ist zu bemerken dass die form *scile*, *sciele* schon altws. vorkommt: *scile* C. P. 21, 24, *sciele* 55, 19. 57, 3. 59, 9, *scilen* 327, 14. 341, 16, *scielen* 263, 23.

§ 427. *earþ* steht auch Boeth. 128; *earun* findet sich Ps.

101, 21. 104 Gr.; neben *sind* begegnet *send* Blickl. 23, 2 und oft im Boeth., z. b. 46; ein part. *beónde* wird aus Cot. 77 citiert. § 428, anm. 2. Erwähnenswert ist *ne wylle þú* noli Beda 356.

§ 429. Das umgelautete part. *zedèn, fordèn* findet sich *ᵏᵉᵐ 8ˢᵇ*; innerhalb des sächsischen soviel ich sehe nur in der poesie, *zedènra* Crist 1266, *fordèn* Crist 1207, *fordènera* Audr. 43; also zweifellos überbleibsel aus dem north. originaltext. Ebenso ist der pl. pract. *dǽdun*, conj. *dǽde* wol für die ws. prosa zu streichen.

Zum schlusse sei hier noch eine übersicht über diejenigen stellen gegeben, an denen ich geglaubt habe, dialektische unterschiede nachweisen zu können: *ðurh — ðorh — ðerh* s. 200, *siwian, spiwian, niwe, hiw, zíz, Tiw, briw* etc. und *siówian, spiówian, niówe, hiów, zlió, Tiz, briz* 202 f., *brǽw — bréz* 204, *zeonz — zenz* 207, *ie — e* 213, *fremde, ǽdr* und *fremðe, éðr* 220, *botl, setl, spátl* und *bold, seld, spáld* u. ä. 220 f., *onzeán* und *onzezn, onzǽzn* 225, reimlied und Cynewulf 235, anm., *bend* m. und f. 238, flexion von *lufu* 247, *feáwa* und *feá* 258, *lǽst* und *lǽsest* 261, *betwih* und *betweoh, betwien, betwínum* und *betweónum* 269 f., bildung der 2. 3. sing. ind. praes. 273, des part. pract. der schwachen verba auf *d, t* 274, flexion von *strezdan* 281 f., *ðiczean* 283, redupliciertе praeterita 284 ff., anglische eigentümlichkeiten der sprache im Beda 285 f., flexion von *swizian* 297, participium *zedòn* und *zedèn* 299.

[Während des druckes der vorstehenden bemerkungen haben sich mir abermals einige kleine nachträge ergeben, die ich hier noch anhänge. S. 203. Ein gen. *Tizes* steht Shrine 114 in dem jüngeren martyrologium, das auf ein anglisches original zurückgeht. — S. 206, anm. Ein weiteres beispiel ist *þrizeáre* Shrine 116, aber auch da liegt gewis anlehnung an *zeár* vor. — S. 214 f. Einen interessanten beleg für den ausfall des *r* vor consonanten im northumbrischen bietet der name *Cælin* bei Beda 2, 5. 3, 23. Wichtig ist besonders die erste stelle: *Caelin rex occidentalium Saxonum, qui lingua eorum Ceaulin uocabatur*. Denn da zu Beda's zeiten schwerlich bereits eine sächsische, von der northumbrischen abweichende, orthographie sich festgesetzt hatte, so dürfen wir Beda's angabe als ein unverdächtiges zeugnis für wirkliche diphthongierung der gruppe *cæ* zu *cea* im sächsischen ansehen. — S. 218. *mislic* selbst wird wol nur verkürzung für *missenlic*, *misnlic sein, vgl. die gleichgebildeten formen *ondryslicum* Shrine 111, *ondryslicum* 104. — S. 220. Zu *botm* ist die wichtige nebenform *byðme* carina Shrine 103 nachzutragen; bei Lye wird eine form *bytne* aus Cot. 32 citiert, welche sicher in *bytme* zu bessern ist.' — S. 238. Einen jüngeren weiblichen nom. *seó lîzett* finde ich Germ. 22, 59. — S. 244 ist altn. *o̧ss*, ags. *ôs* als *u*-stamm angeführt auf grund der altn. flexion; wahrscheinlicher war es ursprünglich ein consonantischer stamm, da auch spuren einer *i*-flexion auftreten, vgl. die alten namen wie *Ansigâr*, *Ansigildis*, *Ansigîs*, *Ansileubus* (Förstemann I, 101 ff.), dänisch *Es-*, besonders häufig auch in den ags. urkunden aus der zeit der dänischen occupation, z. b. *ésbern* C. D. 4, 75, *ésbernus* 4, 159, *ésᶻâr* 4, 84. 136. 256, *ésᶻear* 1. 149, *ésᶻarii* 4, 173, *ésᶻârus* 4, 180, altn. *A'sbjǫrn*, *A'sgeirr* u. a. Danach könnte der nom. acc. pl. doch ags. *és gewesen sein. — S. 268. Die formen *feórwer -*, *fîf -*, *seofon -*, *eahtatezðu* scheinen nur in den beiden fassungen des martyrologiums vorzukommen, und dürfen danach als anglische formen gelten. Ebenda steht auch noch *feórwerteozðan* 71; so wird denn überhaupt auch *teozeðu* als ächtes cardinale nur anglisch sein (wegen des vorkommens im Beda vgl. oben 285 f.); aus dem Codex diplomaticus, auf welchen Kluge, Anglia, anz. V, 85, ohne nähere angabe eines citates verweist, habe ich leider die form nicht notiert, doch zweifle ich nicht, dass es sich auch dort nur in anglischen urkunden findet. — 3. juni 1883.]

JENA, 23. märz 1883.   E. SIEVERS.